ullstein

Das Buch

»Wegen der Sonneneinstrahlung hat die rote Ampel grün geschimmert« – »Ich wollte ja pünktlich zahlen, aber aus Versehen habe ich den Dauerauftrag geändert.« – »Wir streichen unsere Wände nicht, weil die jetzige Farbgebung ein Kunstwerk ist!«
Die Deutschen legen eine schier unfassbare Erfindungsgabe an den Tag, wenn es darum geht, sich mit kuriosen Ausreden und Begründungen bei Gerichten, Behörden und Versicherungen zu rechtfertigen. Da bleibt oft kein Auge trocken – und man kann sogar eine Menge lernen: Denn die richterliche Begründung lässt häufig erkennen, warum man mit der einen Ausrede nicht durchkommt, mit einer anderen aber durchaus Erfolg gehabt hätte.

Der Autor

Matthias Müller-Michaelis, geboren 1956, war lange Jahre Redaktionsleiter und Chefredakteur von zahlreichen Illustrierten, arbeitet heute als freier Wirtschaftsjournalist und ist Autor einer Vielzahl von Sachbüchern, auch zu Rechtsthemen. Er lebt in Hamburg.

www.livingston-media.de

Matthias Müller-Michaelis
mit Isa Höpken und Angela König

»Als ich auf die Bremse treten wollte, war sie nicht da«

Das Lexikon der kuriosen Ausreden

Mit Illustrationen von
Maximilian Meinzold

Ullstein

Besuchen Sie uns im Internet:
www.ullstein-taschenbuch.de

Umwelthinweis:
Dieses Buch wurde auf chlor- und säurefreiem Papier gedruckt.

Originalausgabe im Ullstein Taschenbuch
1. Auflage November 2007
3. Auflage 2007

Konzept & Realisation: Livingston Media, Hamburg
Umschlaggestaltung: HildenDesign, München
Titelabbildung und Innenillustration: © Maximilian Meinzold
Satz: KompetenzCenter, Mönchengladbach
Gesetzt aus der Sabon
Druck und Bindearbeiten: Ebner & Spiegel, Ulm
Printed in Germany
ISBN 978-3-548-36914-3

Inhalt

Vorwort: Der richtige Spruch zur rechten Zeit

Wie kann ich mich bei einer Polizeikontrolle herausreden, damit ich um Bußgeld und Punkte herumkomme? Wie kann ich meinen selbstverschuldet verlorenen Job vor dem Arbeitsgericht noch retten? Wie bekomme ich Schadenersatz von der Versicherung, obwohl mir wegen Selbstverschuldens eigentlich gar nichts zusteht? Und wie lasse ich mir Steuern erstatten oder Leistungen der Sozialversicherungen auszahlen, ohne wirklich einen Anspruch darauf zu haben?

Bei all diesen Fragen legen manche Zeitgenossen eine schier unfassbare Erfindungsgabe an den Tag. Wie die kuriosen Ausreden und Begründungen beweisen, mit denen Menschen vor Gericht oder bei Behörden und Versicherungen ihre Ansprüche zu rechtfertigen versuchen. Da bleibt kein Auge trocken – und man kann dabei sogar eine Menge lernen. Denn Urteile wie amtliche Bescheide enthalten stets auch eine Begründung. Und die lässt oft erkennen, warum man mit der einen Ausrede nicht durchkommt, mit einer anderen aber durchaus Erfolg gehabt hätte.

Im Folgenden haben wir ein paar Highlights zusammengestellt – zur Unterhaltung, aber auch als Anregung bzw. zur Abschreckung. Orts- und Personennamen sowie einige Umstände des jeweiligen Falles wurden dabei allerdings so weit verändert, dass nach Möglichkeit keine Rückschlüsse auf wahre Begebenheiten gezogen werden können.

Was alle diese Fälle zeigen: Während die eine Ausrede vor Gericht Erfolg haben kann, könnte man sich mit der anderen selbst noch tiefer in den Schlamassel reiten. Damit Ihnen das nicht passiert und Sie immer zur rechten Zeit den richtigen Spruch parat haben, haben wir diese Anekdoten zusammengetragen. Doch Vorsicht: Nicht jedes hier genannte Urteil ist beliebig auf andere, für Laien vielleicht ähnlich erscheinende Fälle übertragbar – hierfür sollte zuvor ein Jurist zu Rate gezogen werden. Denn natürlich können wir keine Haftung dafür übernehmen, dass eine bestimmte Ausrede unter allen Umständen vor jedem Gericht zum gleichen Ergebnis führt.

Aber wir versprechen Ihnen, dass Sie sich auf den folgenden Seiten amüsieren werden – und dabei vielleicht sogar das eine oder andere lernen.

Matthias Müller-Michaelis & das Team
von Livingston Media

Ausreden beim Arbeitgeber

Das Arbeitsleben zeichnet sich gemeinhin nicht gerade durch einen hohen Spaßfaktor aus. Schließlich hat fast jeder einen Boss, der ihm deutlich sagt, wo es langgeht. Um trotzdem seinen Willen durchzusetzen, muss man sich also etwas einfallen lassen. So soll es einen Angestellten gegeben haben, der sich mit folgender Ausrede vor dem Kundenverkehr drücken wollte: »Es ist erforderlich, dass ich in den Innendienst versetzt werde, weil ich dauernd rülpsen muss und darum nicht länger am Schalter arbeiten kann.« Wenig überzeugend, oder? Aber wenigstens originell.

Nicht weniger kurios war die Ausrede eines anderen Arbeitnehmers, der ebenfalls dem manchmal anstrengenden Schalterdienst entgehen wollte: »Ich leide jedes Mal unter Platzangst, wenn mehrere Kunden gleichzeitig auf den Schalter zustürmen – deshalb muss ich in den Innendienst versetzt werden.« Na, hoffentlich bekam der Ärmste wenigstens ein ausreichend großes Arbeitszimmer, damit sich seine Ängste nicht noch verstärkten.

Auch spontan auftretende Fehlzeiten während der Arbeit bedürfen natürlich einer plausiblen Erklärung. Sie sollten nur nicht gar so ermüdend ausfallen wie in jenem Fall, wo die betreffende Person angab, auf dem Klo eingeschlafen und daher zu spät zur Nachmittagsschicht erschienen zu sein. Gut macht es sich hingegen, wenn man als Mitarbeiter immer die Interessen seines Unternehmens im Kopf behält. Allerdings kann man es damit auch übertreiben, wie die Aussage dieses frisch gefeuerten Kollegen beweist: »Unter wirtschaftlichen Gesichtspunkten ist es völlig unlogisch, mir jetzt zu kündigen, da gerade erst neue Briefbögen und Visitenkarten mit meinem Namen gedruckt worden sind.« Ob so viel unternehmerisches Denken von der Geschäftsleitung entsprechend gewürdigt wurde?

Manchmal scheinen die Dinge freilich ganz einfach zu sein. Wie tröstete doch der angezählte Werktätige seinen ratlosen Betriebsrat? »Die Abmahnung kann gar nicht gültig sein, weil sie mich nicht erreicht hat: Ich habe mir nämlich vorhin die Ohren zugehalten, als der Chef sprach!«

So einfach sollte man es sich natürlich nicht machen. Etwas mehr Pfiffigkeit ist schon vonnöten, wenn man Erfolg haben will. Wer es geschickt anstellt, kommt mit einer guten Ausrede sogar vor Gericht durch. Wie man dabei argumentieren muss, zeigt das folgende Kapitel.

Arbeitsanweisungen: »Mein Chef hat einen schlechten Geschmack – deshalb muss es mir überlassen sein, was ich als Koch zubereite!«

Aus dem Koch Dieter K. (29) war kein zweiter Tim Mälzer geworden. Von seinen hochfliegenden Träumen hatte er Abschied genommen. Aber als Küchenchef eines Seniorenheims bewahrte er sich so viel kreative Unabhängigkeit, wie er nur eben durchsetzen konnte. Dabei lieferte er sich seit längerem einen unerfreulichen Kleinkrieg mit dem Heimleiter. Dieser des Kochens völlig unkundige Mensch schrieb ihm nämlich jede Einzelheit im Speiseplan vor. Und leistete sich dabei einen Fehler nach dem anderen. So verlangte er zum Beispiel im Dezember tatsächlich frischen Spargel als Beilage. Und meinte, an einen Bornholmer Kartoffelsalat gehöre Speck. Dabei weiß doch jedes Kind, dass der nur mit Ei und Gurke gemacht wird und mit sonst gar nichts! Einmal war Dieter schon für seine Eigenmächtigkeiten abgemahnt worden. Wovon er sich aber keineswegs einschüchtern ließ. Sein Chef hatte eben keine Ahnung vom Kochen und zudem einen schlechten Geschmack – da lag der Hase im Pfeffer.

Eines Tages sollte Dieter kross gebratene Hackbällchen servieren – zu Kartoffelgratin. »In dieser Kombination viel zu fett für die alten Leutchen«, entschied Dieter insgeheim und disponierte um. »Die Bällchen dünste ich schonend in einer leichten Kräutersoße, das ist viel bekömmlicher.« Als der Heimleiter die Änderung bemerkte, rastete er aus. »Jetzt reicht's! Sie sind endgültig gefeuert!«, brüllte er Dieter wutentbrannt an. »Abgemahnt hatte ich sie ja schon.«

»Ach ja? Damit kommen Sie nicht durch«, gab Dieter kampflustig zurück. »Wir sehen uns vor Gericht!«

Was sagte das Gericht dazu?

Es meint, dass man über Geschmack lieber nicht streiten sollte. Jedenfalls kam der Arbeitgeber mit seiner Kündigung vor Gericht nicht durch! Die Richter befanden, dass die Eigenmächtigkeiten des Kochs weder eine Abmahnung noch eine Entlassung rechtfertigten. Dazu seien die Verstöße zu geringfügig. Die Interessen des Arbeitgebers wären dadurch nicht beeinträchtigt worden (Landesarbeitsgericht Hamm, AZ: 3 Sa 1713/05 – 2/06).

Arbeitszeitbetrug: »Ich arbeite viel schneller als die Kollegen – dann kann ich auch einfach mal früher gehen!«

Seit sie in ihrer neuen Firma angefangen hatte, war es Julia D. (33) ein Rätsel, wieso sich ihre Kollegen den ganzen Tag nur beschwerten. Alle klagten über unmenschlichen Stress und waren chronisch überarbeitet, warum nur? Zugegeben, es gab reichlich zu tun. Doch wenn man sich richtig organisierte, nicht dauernd Rauch- oder Kaffeepausen einlegte und vor allem keine stundenlangen Privatgespräche führte, dann war das tägliche Pensum locker und ohne Hektik zu schaffen. Weil sie sich nicht gleich unbeliebt machen wollte, hatte Julia ihre Meinung bislang für sich behalten. Oft beschäftigte sie sich länger mit Akten, die sie eigentlich zügiger hätte durchsehen können.

Aber eines Tages reichte es ihr. Diese künstliche Bummelei war zu viel für sie, jetzt wollte sie es wissen. Und sie würde es den lahmen Schlafmützen in ihrer Abteilung mal so richtig zeigen. Beim Chef würde ihr Engagement sicher auch gut ankommen. Also arbeitete sie so, wie sie es eigentlich gewohnt war – und noch ein bisschen schneller. Und siehe da, bereits am Nachmittag war alles erledigt, was auf ihrem Tagesplan gestanden hatte. Jetzt bis Dienstschluss untätig herumzusitzen, das war Julias Sache nicht. Außerdem hatte sie ihre Pflichten komplett erfüllt, da durfte sie sicherlich guten Gewissens nach Hause gehen. Fröhlich verabschiedete sie sich von den Kollegen, die sie verwirrt anstarrten, und genoss ihren frühen Feierabend. Ihre Freude währte allerdings nicht lange, denn schon am nächsten Tag erhielt sie eine fristlose Kündigung wegen Arbeitszeitbetrugs! Entgeistert zeigte sie das Dokument ihrem Anwalt. »Ich habe meine Arbeit vollständig erledigt und nicht betrogen«, verteidigte sie sich. »Ich kann doch nichts dafür, dass ich deutlich schneller bin als die Kollegen. Wenn ich dafür schon nicht entsprechend belohnt werde, kann ich doch wenigstens ab und zu eher Feierabend machen, oder?«

Was sagte das Gericht dazu?

Es arbeitete schnell und machte kurzen Prozess. Zwar ließ es sich von der kompromisslosen Argumentation der Klägerin nicht überzeugen – dennoch gewann sie das Verfahren. Die Entlassung wegen Arbeitszeitbetrugs wurde für ungültig erklärt, allerdings aus formalen Gründen. Denn vor der fristlosen Kündigung hätte zunächst eine Abmahnung erfolgen müssen (AG Frankfurt, 18 Ca 5937/04 – 4/05).

Aufhebungsvertrag: »Ich habe gar nicht verstanden, was ich da unterschrieben habe – also gilt es nicht!«

»Wir können Sie leider nicht weiter beschäftigen.« Bedauernd blickte der Personalchef seine Mitarbeiterin Luisa H. (42) an. »Ich kann Ihnen aber statt einer formalen Kündigung einen Aufhebungsvertrag anbieten. Das sieht dann ja in den Papieren ein bisschen besser aus.« Luisa stimmte zu und unterschrieb auch gleich das Papier, das der Mann mitgebracht hatte. »Tja, dann wünsche ich ihnen alles Gute und viel Erfolg bei der Jobsuche«, verabschiedete sich der Personalchef. Den Schock der Arbeitslosigkeit musste Luisa dann erst mal verdauen. Doch er wurde nicht kleiner, sondern größer, als sie in der folgenden Woche zur Arbeitsagentur ging. »Ach, sie haben einen Aufhebungsvertrag unterschrieben, dann nehme ich jetzt nur mal ihre Daten auf. Aber Geld bekommen sie dann wohl erst in drei Monaten«, erklärte der Beamte der verblüfften Frau. »Aber warum denn das?« »Weil ein Aufhebungsvertrag wie eine selbstverschuldete Arbeitslosigkeit gewertet wird. Und dann gibt es eine Sperrzeit von drei Monaten. Das ist Vorschrift«, sagte der Arbeitsberater. »Haben Sie das nicht gewusst? Dann hätte der Arbeitgeber Ihnen das sagen müssen.«

Luisa war entsetzt: Drei Monate ohne Geld, wie sollte das gehen? »Mir hat keiner was gesagt. Und woher soll ich das wissen? Ich bin zum ersten Mal arbeitslos und kenne mich da gar nicht aus.« »Also, ich rate Ihnen, den Arbeitgeber zu verklagen. Denn meiner Ansicht nach hätte er Ihnen sagen müssen, worauf Sie sich mit einem Aufhebungsvertrag einlassen«, riet der Arbeitsberater. Und das tat Luisa dann auch.

Was sagte das Gericht dazu?

Es schmetterte die Klage kurzerhand ab. Begründung: Es besteht keine Informationspflicht des Arbeitgebers über die sozialversicherungsrechtlichen Folgen eines Aufhebungsvertrages. Sondern es ist Sache des Arbeitnehmers, sich selbst über die Rechtsfolgen zu informieren. Daher kann ein Aufhebungsvertrag nicht aufgrund mangelnder Aufklärung angefochten werden (LAG Mainz, 4 Sa 381/05 – 2/06).

Beleidigung: »Der Kunde war völlig begriffsstutzig – darum habe ich ihm gesagt, er soll sich nicht so dusselig anstellen!«

Lucia M. (27) arbeitete als Kassiererin in einer Sparkasse. Sie war Halb-Sizilianerin und sah verteufelt gut aus. Darum standen insbesondere die männlichen Kunden gern vor ihrem Schalter Schlange.

Doch den einen oder anderen Herrn schlug Lucia gerne mal in die Flucht. Denn über ihre verheißungsvoll geschwungenen Lippen flossen nicht immer die liebreizenden Worte, die man(n) von ihr erwartete. Im Gegenteil, oft genug ging Lucias südländisches Temperament mit ihr durch. Geduld war nicht ihre Stärke, und wenn ein Kleinsparer seine Überweisung zum dritten Mal falsch ausgefüllt hatte oder einfach nicht begreifen wollte, warum sich dieser oder jener Wunsch nicht erfüllen ließ – dann rastete sie aus und ließ ihr Gegenüber deutlich wissen, was sie von ihm hielt. Sie konnte fauchen, dass einem angst und bange wurde. Immerhin war Lucia ohne Ansehen des Geschlechts erbarmungslos, denn zu ihren Opfern zählten auch Frauen.

Alles ging so lange gut, bis die ersten Kunden (und Kundinnen) entnervt zur Konkurrenz-Bank wechselten. Als Lucias Vorgesetzter davon erfuhr, war das Maß voll – er kündigte seiner cholerischen Kassiererin sofort. Ganz Kämpfernatur, nahm diese sich flugs einen Anwalt und klagte gegen die unrühmliche Beendigung ihrer Bank-Karriere. Ihrem Rechtsbeistand lieferte sie ein zündendes Argument: »Ich bin eben spontan und ehrlich. Also werde ich ja wohl sagen dürfen, dass ein Kunde sich dusselig anstellt!«

Was sagte das Gericht dazu?

Es ließ sich nicht für dumm verkaufen – dennoch akzeptierte es die Ausrede! Allerdings nicht, weil es dem spröden Charme der Kassiererin erlegen wäre, sondern wegen eines schlichten Formfehlers. Die Klägerin gewann ihren Prozess und durfte nicht entlassen werden. Die Richter befanden die Kündigung für ungültig, weil bei Kundenbeschwerden immer erst eine ordentliche Abmahnung erfolgen muss. Dadurch soll der Mitarbeiter Gelegenheit bekommen, sein Verhalten positiv zu ändern. Wird ihm diese Chance aber durch eine sofortige Kündigung genommen, akzeptiert das Gericht sogar geschäftliche Einbußen nicht als Kündigungsgrund (ArbG Frankfurt, 22 Ca 7588/05 – 9/06).

Botengänge:
»Nur weil meine Kollegen faul sind, muss ich noch lange nicht den Laufburschen spielen!«

Mario P. (29) war nicht gerade das, was man einen Karrieremenschen nennt. Wegen diverser Krankheiten und privater Schicksalsschläge musste er jede Ausbildung über kurz oder lang abbrechen. So hatte er es am Ende nur zum Hilfsarbeiter gebracht. Ein harter Job und dazu schlecht bezahlt. Trotzdem bewahrte er sich seinen Stolz und ließ sich von niemandem ausnutzen. Die Kollegen auf neuen Baustellen mussten das jedes Mal schnell einsehen. Mario kannte ihre Spielchen schon.

Wenn er als Fremder in ein bestehendes Team kam, testeten die anderen immer sofort aus, was der Neue sich alles gefallen ließ. Und obwohl Mario Auseinandersetzungen hasste, wusste er genau, dass er schon verloren hatte, wenn er diesem Treiben nicht gleich am ersten Tag Grenzen setzte. So hatte er gelernt, sich zur Wehr zu setzen. Aber auf dieser neuen Baustelle lief alles von Anfang an schlecht. Die Kollegen waren mies gelaunt, kommandierten ihn nur herum und bekamen dabei offenbar Rückendeckung von ihrem Vorarbeiter. Nach ein paar ersten Handlangertätigkeiten befahl ihm der Polier am Vormittag, einige private Besorgungen für ihn zu machen. Und kündigte gleichzeitig an, dass Mario gegen Mittag auch das Essen für die gesamte Truppe heranschaffen sollte. Mario weigerte sich mit dem Hinweis darauf, dass private Botengänge nun wirklich nicht zu seinem Tätigkeitsbereich gehörten. Ein Wort gab das andere, und ehe er sichs versah, hatte Mario eine fristlose Kündigung wegen Arbeitsverweigerung am Hals. Das wollte er sich nicht bieten lassen, und so holte er sich fachlichen Beistand, um gegen seine Entlassung anzugehen. »Ich bin zwar Hilfsarbeiter«, erklärte er seinem Anwalt, »aber kein Laufbursche für faule Kollegen!«

Was sagte das Gericht dazu?

Es akzeptierte Marios Begründung und stärkte dem Hilfsarbeiter den Rücken. Der muss laut richterlichem Spruch keine Besorgungen für Kollegen machen und ihnen z. B. Essen holen. Er darf solche tätigkeitsfremden Arbeiten ablehnen, ohne dass ihm deshalb eine Kündigung wegen Arbeitsverweigerung droht (BAG, 2 AZR 385/03 – 4/044).

Büroschlaf: »Ein kurzes Nickerchen auf dem Klo muss erlaubt sein – umso besser kann ich hinterher arbeiten!«

Bernd R. (47) war ein fleißiger und motivierter Angestellter. Aber jetzt konnte er kaum noch die Augen offen halten. Die Überstunden in den letzten Wochen steckten ihm in den Knochen. Er sehnte sich nach ein paar Momenten der Stille und Ruhe. Verstohlen linste er in seinen Terminkalender und entdeckte, dass er bis zur nächsten Besprechung ausnahmsweise etwas Zeit hatte. Unauffällig schlich er sich aus dem Großraumbüro in Richtung Toiletten, ihn würde so schnell keiner vermissen. Glück gehabt – auf dem Herrenklo war niemand. Erleichtert begab sich Bernd in eine der beiden Kabinen und schloss hinter sich ab. Mit einem Seufzer setzte er sich auf den geschlossenen Deckel und lehnte den Kopf erschöpft an die Seitenwand. »Nur ein Viertelstündchen ...«, dachte er noch, dann duselte er unabsichtlich, aber umso seliger schnaufend hinüber ins Reich der Träume.

Allerdings wurde er bald darauf von einem lauten Klopfen brutal aus Morpheus' Armen gerissen. »Wer schnarcht denn da drinnen und schläft während der Arbeitszeit? Unverschämtheit, sofort aufmachen!«, hörte Bernd seinen Chef poltern. Vor Schreck fiel er fast von der Toilette. Schnell richtete er seinen Schlips, betätigte die Spülung und öffnete die Tür. »Nicht aufregen«, versuchte er seinen Boss zu beruhigen. »Das war nur ganz kurz – jetzt bin ich wieder frisch und kann umso besser arbeiten.« Aber der Vorgesetzte schäumte vor Wut und ließ nicht mit sich reden. »Ich habe Sie laut und vernehmlich sägen gehört, sie Pennbruder, dafür werde ich Sie feuern!« Und wirklich – kurz darauf erhielt Bernd seine Kündigung. Geknickt beriet er sich daraufhin mit seinem Anwalt.

»Seit fast 20 Jahren bin ich nun schon im Unternehmen«, meinte er. »Nie habe ich mir etwas zuschulden kommen lassen, da muss ein kleines Nickerchen doch mal erlaubt sein, oder?«

Was sagte das Gericht dazu?

Die Richter fanden, dass Bernd ein ganz ausgeschlafenes Kerlchen war, und schlossen sich tatsächlich seiner Meinung an. Dementsprechend hoben sie die Kündigung auf! Begründung: Wer nach jahrelanger einwandfreier Arbeit nur einmal auf der Arbeit einschläft, darf nicht gleich entlassen werden (Landesarbeitsgericht Hamm, 15 Sa 463/04 – 11/04).

Flucht: »Ich bin aus der Firma abgehauen, damit mir mein Chef die Kündigung nicht übergeben konnte!«

Wenn auch sonst nichts mehr im Labor funktionierte – mit dem Flurfunk klappte es noch ganz gut. Und so hatte Zahntechniker Lars T. (37) hinter vorgehaltener Hand aufgeschnappt, dass er heute – am 31. März – von seinem Chef wohl die Kündigung kassieren würde. »Das ist mal wieder typisch für den Alten«, dachte Lars verbittert. Sich Zeit lassen bis zum Monatsletzten, um die Hiobsbotschaft zu verkünden. Etwas früher damit rauszurücken wäre eindeutig fairer gewesen, aber da erwartete er wohl zu viel ... Bei seiner Kündigungsfrist stünde er also am 30. April auf der Straße. Na klasse! Lars polierte niedergeschlagen an einer Krone herum, bis ihm ein genialer Einfall kam. Was wäre, wenn sein Vorgesetzter ihm die Kündigung heute gar nicht mehr aushändigen könnte? Weil er, Lars, dann nicht mehr im Labor sein würde? Damit wäre seine Entlassung zwar nicht für alle Zeiten aufgehoben, aber zumindest aufgeschoben. Denn die Kündigungsfrist müsste sich entsprechend weiter nach hinten verschieben.

Schnell packte Lars seine Sachen zusammen und meldete sich mündlich bei seinen Kollegen ab: »Ich muss weg wegen einer dringenden Privatangelegenheit. Falls jemand deswegen mosert: Unbezahlte Überstunden habe ich genug angehäuft.«

Tatsächlich tauchte der Chef wenig später auf, und weil Lars nicht mehr am Arbeitsplatz war, wurde ihm die Kündigung notgedrungen per Post zugestellt. Sie erreichte ihn natürlich erst einen Tag später, am 1. April. »Zum 30. April kann ich meiner Meinung nach nicht mehr gekündigt werden, die Frist wäre gestern abgelaufen«, setzte Lars seinen Anwalt ins Bild. Und ergänzte etwas schadenfroh: »Ich kann schließlich nichts dafür, dass der Chef alles immer erst auf den letzten Drücker erledigt und ich just an dem Tag etwas früher wegmusste, Pech gehabt!« »Was die Frist angeht, bin ich Ihrer Meinung«, entgegnete der Anwalt. »Aber da Sie vor Ihrer Kündigung quasi geflüchtet sind, könnte das Gericht Ihnen das als Zugangsvereitelung auslegen. Wir werden sehen ...«

Was sagte das Gericht dazu?

Es setzte sich nicht nur flüchtig, sondern sogar sehr ausführlich mit dem Fall auseinander. Und gab dem Kläger in vollem Umfang recht. Die Zustellung am 1. April war tatsächlich zu spät für eine fristgerechte Kündigung zum 30. April. Und eine Zugangsvereitelung lag nach Meinung der Richter nicht vor. Der Chef hätte die Kündigung nicht bis auf den letzten Drücker hinauszögern dürfen (LAG Köln, – 14 (4) Sa 61/06 – 4/06).

Fristlose Kündigung: »Der Chef hat mich erst 15 Tage nach dem Diebstahl gefeuert – aber er hätte es sofort machen müssen!«

Thorsten D. (45) war ein echter Computerfreak. Deshalb machte ihm sein Job als Programmierer sehr viel Spaß. Doch die Liebe zur Technik ließ ihn auch zu Hause nicht los. Selbst nach Feierabend verbrachte er sehr viel Zeit vor dem PC oder bastelte an gebrauchten Geräten herum. Daher hatte er auch ein Auge auf einen alten Bildschirm geworfen, der in seinem Büro nutzlos herumstand. Und den niemand mehr zu benötigen schien.

Eines Abends, als Thorsten der letzte im Büro war, nahm er den Bildschirm einfach mit nach Hause. »Den braucht ja keiner mehr«, dachte er bei sich. Und vermissen würde ihn auch keiner, denn in die Büros der Programmierer verirrte sich kaum jemand. Doch wie es der Zufall wollte, kam kurz darauf ein Kollege und wollte genau diesen Bildschirm abholen. Thorsten druckste ein bisschen herum und gab schließlich nach einigem Zögern zu, dass er ihn einfach mitgenommen hatte.

»Das melde ich dem Chef, so geht es ja nicht«, empörte sich der Kollege und rauschte davon.

Der Chef hatte jedoch eine dringende Dienstreise vor und konnte sich nicht sofort um den Vorfall kümmern. Erst nach 15 Tagen erhielt Thorsten die fristlose Kündigung wegen Diebstahls. »So geht es aber nicht. Erstens habe ich den Schaden schon längst wiedergutgemacht, und zweitens ist die Frist für eine außerordentliche Kündigung verstrichen. Sie hätten mir spätestens nach 14 Tagen kündigen müssen«, protestierte Thorsten bei seinem Vorgesetzten. »Ich werde Kündigungsschutzklage einreichen«, kündigte er an.

»Tun Sie das, aber glauben Sie nicht, dass Sie hier weiter arbeiten können. Das war ein absoluter Vertrauensbruch!« Der Chef war richtig sauer.

Was sagte das Gericht dazu?

Es ließ Thorstens spitzfindige Begründung nicht gelten, eine Entlassung kann auch nach Fristablauf gültig sein. Dem betreffenden Arbeitnehmer wurde fristlos gekündigt, weil er Teile von einem Firmencomputer mitgenommen hatte. Seine Entlassung erfolgte erst nach der zweiwöchigen Kündigungsfrist. Die Kündigungsschutzklage half dem Mitarbeiter trotzdem nicht. Zwar hatte die Firma die Kündigung zu spät ausgesprochen. Doch der Kündigungsgrund gilt weiter – die fristlose wird zur ordentlichen Kündigung (LAG Mainz, 11 Sa 1049/03 – 11/05).

Gehalt (1):
»Ich habe den Vertrag ohne Brille unterschrieben und deshalb den mickrigen Stundenlohn übersehen!«

»Also dann, auf gute Zusammenarbeit«, beendete der Geschäftsführer das Gespräch mit Hanna D. (23), seiner neuen Angestellten. Gerade hatte die junge Frau ihren neuen Arbeitsvertrag unterschrieben. »Ich fange dann am nächsten Montag an, wie besprochen.«

Beschwingt verließ Hanna das Büro des Firmenchefs, in der Tasche den Arbeitsvertrag. Die Bedingungen waren zwar nicht die besten, aber es war endlich ein fester Job. Und darüber war sie froh. Doch als sie ihrem Freund Peter R. (33) den Vertrag am Abend zeigte, schlug der die Hände über dem Kopf zusammen. »Das kannst du doch nicht machen. Das ist ja Ausbeutung. So ein mickriges Gehalt, da bekommst du ja mehr, wenn du putzen gehst.« Völlig verunsichert fragte Hanna: »Ja, was soll ich denn jetzt machen, ich habe den Vertrag ja unterschrieben. Da komme ich doch nicht mehr raus.« Da hatte Peter eine Idee: »Du hast doch deine Kontaktlinsen dringehabt, als du den Vertrag unterschrieben hast, oder?« Die junge Frau nickte. »Dann sag doch einfach, du würdest normalerweise eine Brille tragen und hättest sie an dem Tag nicht dabeigehabt. Deshalb konntest du den Vertrag gar nicht richtig lesen.«

Als Hanna ihren neuen Arbeitgeber anrief und den Vertrag rückgängig machen wollte, war der jedoch wenig begeistert. Und dass sie den Text nicht lesen konnte, wollte er schon gar nicht gelten lassen. Deshalb zog Hanna vor Gericht.

Was sagte das Gericht dazu?

Es hält nichts von argumentativen Blindgängern, mit dieser Ausflucht guckt man in die Röhre. Wer einen Vertrag unterschreibt und ihn später mit der Begründung anfechten will, er hätte den Text nicht lesen können, hat Pech: Die Unterschrift gilt! Einen Text, den man ohne Brille oder aus sonstigen Gründen nicht lesen kann, darf man eben nicht unterzeichnen (Landesarbeitsgericht Mainz, 7 Sa 167/05 – 11/05).

Gehalt (2): »Weil mein Chef den Lohn nicht pünktlich gezahlt hat, habe ich Kundengeld als Pfand einbehalten!«

»Schon wieder gibt es nur eine Abschlagzahlung und nicht den ganzen Lohn«, beschwerte sich Rüdiger W. (33), der als Kundenberater in einem Möbelhaus arbeitete. »Ja, bei mir war es dasselbe«, entgegnete sein genervter Kollege. »Ich frage mich, wann die uns wohl endlich mal wieder den vollen Lohn zahlen. Ich muss schon mein Erspartes anknabbern, um die Raten für das Haus zu bezahlen. Es ist nur eine Frage der Zeit, bis meine Bank nervös wird.« Am selben Tag ging Rüdiger zum wiederholten Mal in die Lohnbuchhaltung. Doch auch die Kollegen konnten ihm nicht sagen, wie lange es mit der Gehaltszahlung noch dauern würde. Und auch sein Vorgesetzter wusste nicht mehr. »Ich habe Ihnen ja gesagt, einer unserer Großkunden hat Pleite gemacht. Deswegen haben wir große Außenstände. Ob wir das Geld noch bekommen, kann nur das Insolvenzverfahren zeigen. Und das kann dauern. Tut mir leid.«

Doch Rüdiger hatte bald die Lösung für sein Problem. Denn am selben Nachmittag bestellte ein Kunde eine komplette Wohnzimmereinrichtung. Und die Anzahlung leistete er ganz überraschend in bar. »Das ist meine Chance«, dachte der junge Verkäufer. »Ich behalte das Geld sozusagen als Pfand.« Als sein Vorgesetzter das erfuhr, fand er diese Idee aber gar nicht so gelungen. Sondern kündigte Rüdiger wegen Unterschlagung. Sofort nahm sich der Kundenberater einen Anwalt. »Das ist doch mein Recht. Ich habe Anspruch auf pünktliche Bezahlung.«

Was sagte das Gericht dazu?

Es versteht keinen Spaß bei einer derart einsamen Entscheidung, sondern bewertet dieses Vorgehen als Vermögensdelikt! Die Kündigung des Arbeitgebers ist also rechtens. Denn das Verhalten des Mitarbeiters muss als erhebliche Treuepflichtverletzung bewertet werden. Und eine Weiterbeschäftigung wäre für den Dienstherrn folglich unzumutbar. (LAG Mainz, 5 Sa 608/04 –2/04).

Gehaltserhöhung: »Ich bin gar nicht fauler als meine Kollegen – schließlich komme und gehe ich zur gleichen Zeit!«

»Prima, es geht wieder aufwärts«, freute sich die Kollegin von Lisa K. (34). »Wie kommst du darauf?«, wollte Lisa von ihr wissen. »Na, wenn der Chef schon eine Gehaltserhöhung springen lässt, dann muss es der Firma doch wieder bessergehen, oder?« Dem konnte Lisa nur zustimmen. Aber von einer Gehaltserhöhung wusste sie nichts. Sie ließ sich jedoch nichts anmerken. Aber wenn die Kollegin schon so offen darüber sprach ... Vielleicht war sie nicht die einzige, die mehr Geld bekam. Vorsichtig fragte Lisa ein paar andere Kollegen aus. Und wurde immer verwirrter. Denn offenbar schienen alle eine Lohnerhöhung bekommen zu haben. »Und was ist mit mir?«

Zu Hause erzählte die Sekretärin ihrem Freund, was sie erfahren hatte. »Dann frag doch nach«, riet er. »Vielleicht ist der Brief an dich verlorengegangen.« Und das tat Lisa dann auch.

Doch die Auskunft aus der Personalabteilung war ein Schock. »Ja, es hat eine allgemeine Gehaltserhöhung gegeben. Aber der Geschäftsführer hat Sie ausgeschlossen, tut mir leid. Warum, weiß ich auch nicht. Aber Sie können ja schriftlich nachfragen«, riet die Kollegin im Personalbüro.

Gesagt, getan. Als Lisa jedoch Antwort von der Geschäftsleitung bekam, wurde sie richtig wütend. »Man ist mit meinen Leistungen nicht zufrieden«, erklärte sie ihrem Anwalt und zeigte ihm den Brief von ihrem obersten Chef. »Aber ich kann ja gar nicht fauler sein als meine Kollegen – schließlich komme und gehe ich zur gleichen Zeit wie sie. Deswegen will ich auch mehr Geld bekommen.« – »So, wie es Ihr Chef gemacht hat, geht es jedenfalls nicht, Frau K. Wir werden die Firma verklagen«, versprach der Anwalt.

Was sagte das Gericht dazu?

Für seine faule Ausrede erhielt der Chef von den Richtern keine Belobigung. Denn bei allgemeinen Lohnerhöhungen darf es keine Ausnahmen geben. Es ist somit nicht rechtens, einzelne Arbeitnehmer von generellen Erhöhungen auszuschließen, nur um dadurch ihre schlechte Arbeitsleistung zu bestrafen (ArbG Frankfurt/M., 9 Ca 4725/04).

Jobverlust: »Mein Chef hat mir nicht gesagt, dass ich mich sofort bei der Arbeitsagentur melden muss – deshalb hat er mir jetzt das gestrichene Arbeitslosengeld zu ersetzen!«

»Aber ich bitte Sie, es ist doch nicht meine Aufgabe, Sie auf ihre Pflichten hinzuweisen, wenn Sie arbeitslos sind.« Der Personalchef war sichtlich verärgert, als er seinem ehemaligen Mitarbeiter gegenüberstand. »Außerdem weiß doch jeder, dass er sich arbeitslos melden muss, wenn er den Job verloren hat. Das muss ich Ihnen doch nicht sagen.« Günter D. (55) war jahrzehntelang in dem Unternehmen beschäftigt gewesen, hatte sogar seine Lehre dort gemacht. Und nun hatte man ihn einfach entlassen, vier Wochen war das her. Die wirtschaftliche Lage hatte der Geschäftsführung keine Wahl gelassen. Günters ganze Abteilung hatte gehen müssen. Doch als der Mann nach zwei Wochen zum Arbeitsamt ging, erfuhr er, dass er erst nach drei Monaten Geld bekommen würde. Weil er die Meldefrist von einer Woche hatte verstreichen lassen. Nun wollte er von seiner ehemaligen Firma wenigstens das Geld für die drei Monate. Denn dort hatte ihm niemand gesagt, dass er sich so schnell bei der Arbeitsagentur melden musste. Und Günter war nie arbeitslos gewesen. Woher hätte er die Regeln kennen sollen? Doch der Personalchef wies jede Schuld von sich. Daher entschloss sich Günter, die Firma zu verklagen.

Was sagte das Gericht dazu?

Wer so argumentiert, hat bei den Richtern nichts zu melden. Es stimmt, dass demjenigen das Arbeitslosengeld gekürzt wird, der sich nicht innerhalb einer Woche nach seiner Entlassung bei der Agentur für Arbeit meldet. Zudem braucht der ehemalige Chef nicht auf die Meldefrist hinzuweisen! Es wäre zwar hilfreich; doch unterlässt er es, führt das nicht zu einem Schadensersatzanspruch des Arbeitnehmers (BAG, 8 AZR 571/04 – 9/05).

Krankschreibung: »Wieso darf ich denn nicht Fußball spielen – arbeitsunfähig bin ich ja nur wegen Magenbeschwerden!«

»Ich schätze, dass Sie Ihre Magenbeschwerden in zwei Wochen los sind«, meinte der Arzt zu Achim M. (28). »Aber weil das Medikament Sie fahruntüchtig macht, schreibe ich Sie krank, Sie arbeiten doch als Postfahrer, oder?«

Achim bejahte und jubelte innerlich. 14 freie Tage, in denen er seinen Lieferwagen nicht durch die Stadt kutschieren musste. Stattdessen wollte er sich auskurieren und es sich auf dem Sofa so richtig gutgehen lassen. Nur seine Altherrenmannschaft, die durfte er nicht im Stich lassen.

Am darauffolgenden Samstag fand ein wichtiges Fußballspiel statt, und für Achim war es selbstverständlich, daran teilzunehmen. Was er dann auch tat – dank seines engagierten körperlichen Einsatzes gewann seine Elf am Ende sogar das Turnier. Achims Freude über den Sieg nahm freilich ein jähes Ende, als ihm nach Spielende jemand von hinten auf die Schulter tippte. Achim drehte sich um – und erstarrte: Vor ihm stand sein Vorgesetzter!

Offenbar hatte auch er sich das Match angesehen. »Ich gratuliere Ihnen«, meinte der Chef ziemlich ironisch zu Achim. »Es freut mich nämlich ungemein, dass ich Ihrer Spontanheilung beiwohnen durfte, Sie sind ja wie ein junger Panther über den Rasen gejagt, meinen Glückwunsch!«

So viel gespielte Freundlichkeit ließ nichts Gutes ahnen, und richtig – kurz darauf erhielt Achim die Kündigung, weil er Fußball gespielt hatte, obwohl er krankgeschrieben war. In seiner Not beriet sich Achim mit dem Hausarzt, nahm sich einen Anwalt und klagte schließlich vor Gericht gegen seine Entlassung. »Fußball zu spielen hat mir der Arzt nicht verboten«, rechtfertigte er sich.

Was sagte das Gericht dazu?

Die ausgesprochene Kündigung wurde zu einem Eigentor für den Chef. Denn die Richter erklärten sie für ungültig. Begründung: Laut ärztlichem Gutachten trug der Sport nicht zur Verschlechterung der Beschwerden bei (Landesarbeitsgericht Berlin, 4 SA 2143/05 – 7/06).

Kündigung (1): »Der Chef hat mir aus Versehen nur die Kopie vom Entlassungsschreiben gegeben – also ist das gar kein Original-Rauswurf!«

Auch wenn Regina B. (38) wusste, dass es ihrer Firma nicht gerade rosig ging, so kam die Kündigung für sie doch wie ein Blitz aus heiterem Himmel. »Es tut mir sehr leid, Frau B.« Der Personalchef verzog das Gesicht und machte eine entschuldigende Geste. »Ich fühle mich dabei auch nicht wohl, zumal ich weiß, dass Sie immer gute Arbeit geleistet haben. Aber der Geschäftsführer hat keine Wahl und muss Ihre Abteilung verkleinern.« Regina hörte gar nicht richtig, was der Personalchef sagte. Denn ihr schossen tausend Gedanken durch den Kopf: Wie soll es jetzt weitergehen? Wir müssen doch das Haus abbezahlen! Wird das Geld reichen? Bekomme ich einen neuen Job? »Bitte unterschreiben Sie hier, damit alles seine Ordnung hat«, bat der Mann im dunklen Anzug und legte Regina das Kündigungsschreiben und einen Kugelschreiber hin. Mit zitternden Fingern unterzeichnete sie und steckte den Bogen ein, den er ihr kurz darauf reichte. Erst zu Hause, als Regina ihrem Mann alles bis ins Kleinste erzählt hatte und der Schock halbwegs überwunden war, warf sie einen genaueren Blick auf das Kündigungsschreiben. »Aber das ist ja nur eine Kopie, habe ich nicht Anspruch auf das Originaldokument?« – »Ja natürlich«, entgegnete ihr Mann. »Das ist eindeutig ein Formfehler, dagegen kannst du klagen! Und bekommst deine Stelle zurück.«

Was sagte das Gericht dazu?

Es akzeptierte die formalistische Begründung nicht. Nach Ansicht der Richter reicht die Aushändigung einer Kopie. Wird einem Arbeitnehmer gekündigt, hat das schriftlich zu erfolgen. Das Schreiben muss ihm dann zwar eigentlich im Original ausgehändigt werden. Hat er dieses aber zur Kenntnis genommen und unterschrieben, reicht es, wenn er nur die Kopie davon erhält (Bundesarbeitsgericht, 2 AZR 17/04 – 11/04).

Kündigung (2): »Der Chef hat mein Entlassungsschreiben an die falsche Adresse geschickt – darum gilt es nicht!«

Stellenabbau, Mehrarbeit ohne Lohnausgleich, trotzdem weiterhin rote Zahlen – um die Firma von Bernd W. (38) stand es nicht gerade zum Besten. Darum war Bernd auch nicht überrascht, als der Betriebsrat die Belegschaft eines Tages darüber informierte, dass weitere Kündigungen ins Haus ständen. In einem persönlichen Gespräch erfuhr Bernd anschließend von seinem Vorgesetzten, dass es dieses Mal auch ihn treffen würde.

Da er diese Entwicklung vorausgesehen hatte, war Bernd über die Tücken einer Kündigung informiert. Ganz so rechtlos stand man als Arbeitnehmer zum Glück nämlich nicht da. So wusste er zum Beispiel, dass bei Kündigungen der Betriebsrat angehört werden musste. In seinem Fall war das korrekt abgelaufen, in diesem Punkt war also nichts mehr zu machen. Doch Bernd wusste außerdem, dass eine Kündigung fristgerecht zugestellt werden muss, um rechtskräftig zu sein.

Einige Kollegen hatten darum bereits überlegt, ob sie nicht untertauchen, die Kündigung also nicht persönlich entgegennehmen sollten. Weicheier, das würde ihnen nichts nützen, so viel war Bernd klar. Nein, er hatte eine viel genialere Idee. »Denken Sie bitte daran, dass ich umgezogen bin«, sagte er seinem Chef zum Abschluss des Gespräches.

Und dann nannte er ihm eine völlig falsche Adresse, die er vorher aus dem Telefonbuch herausgesucht und auswendig gelernt hatte. Ha! Das geschah seinem Boss nur recht. Ehe die Post den Irrtum korrigiert hätte, wäre viel Zeit ins Land gegangen. Zu viel Zeit, um die Kündigung rechtzeitig zuzustellen. Er würde wegen eines Formfehlers Kündigungsschutzklage einreichen und natürlich auch gewinnen.

Was sagte das Gericht dazu?

Tricksen bringt nichts, so das Urteil. Wer seinem Chef absichtlich eine falsche Adresse nennt, damit die Kündigung nicht fristgerecht zugestellt werden kann, schießt ein Eigentor. In dem Fall gilt die Kündigung nämlich trotzdem als rechtzeitig zugestellt (Bundesarbeitsgericht, 2 AZR 366/04 – 1/06).

Kündigungsschutzklage: »Wenn ich nicht weiß, dass ich dafür Fristen einhalten muss, dann gelten die auch nicht für mich!«

»Überstunden kann ich nicht machen, ich habe eine Verabredung!« So brüsk hatte Anke G. (34) ihrem Chef geantwortet, als er sie bat, eine dringend gebrauchte Präsentation noch fertigzumachen. »Dann möchte ich Sie auch gar nicht länger aufhalten«, antwortete er daraufhin süffisant. »Und auch in Zukunft werden wir ohne Ihre Unterstützung auskommen. Die Kündigung wird Ihnen in den nächsten Tagen zugestellt.«

Anke war wie vor den Kopf geschlagen. So hatte sie sich das nun auch wieder nicht vorgestellt. Sie wollte sich doch nur den Feierabend und das Treffen mit ihrem neuen Freund nicht verderben lassen. Doch offenbar hatte sie für ihre Weigerung den falschen Zeitpunkt gewählt. Tatsächlich bekam sie in der Woche darauf die Kündigung. Und klagte nacheinander ihren Freundinnen und ihrem neuen Partner ihr Leid über den ungerechten Chef.

Schließlich hatte ihre beste Freundin die Nase voll von Ankes Selbstmitleid: »Dann tu doch endlich was, wenn die Kündigung so ungerecht war. Du kannst ja dagegen klagen!« – »Warum bin ich nicht selbst darauf gekommen?«, fragte sich Anke und suchte sich einen Anwalt. Doch der machte ihr wenig Hoffnung. »Die Frist für eine Klage ist seit zwei Tagen abgelaufen. Da kommen Sie zu spät.«

Doch Anke wollte nicht aufgeben: »Aber das konnte ich doch nicht wissen, ich habe doch die Frist nicht gekannt. Und mein Chef hat mir auch nichts davon gesagt. Ich bin doch kein Jurist. Die müssen die Klage noch nachträglich zulassen.«

Was sagte das Gericht dazu?

Damit kommt man keinesfalls durch. Hierzu gibt es sogar zwei einschlägige Urteile. Das Landesarbeitsgericht Kiel stellte fest, dass man sich gegen eine Kündigung schnell wehren sollte. Genauer gesagt: Wer Kündigungsschutzklage erheben will, muss das innerhalb von drei Wochen nach Eingang der schriftlichen Kündigung tun. Ausnahmen von der Frist gibt es nur im Krankheitsfall. Urlaubsabwesenheit und Unkenntnis der Frist entschuldigen ein Versäumen dagegen nicht (2 Ta 105/05 – 6/05). Auch das Landesarbeitsgericht Rheinland-Pfalz entschied: Wird nach einer Entlassung die dreiwöchige Frist für eine Kündigungsschutzklage versäumt, ist daran nachträglich nichts mehr zu ändern, auch dann nicht, wenn dem Arbeitnehmer die Klagefrist nachweislich nicht bekannt war. Dass der Chef ihn nicht darauf hingewiesen hat, ist unerheblich. Der Arbeitnehmer hätte sich selbst informieren müssen (10 Ta 245/05 – 10/05).

Überarbeitung:
»Im Job muss ich immer so schwer tragen, deshalb will ich zum Gehalt noch Schmerzensgeld!«

Schon wieder Überstunden. Marie H. (37), die in einem Gartengroßmarkt arbeitete, hatte sich so auf den Feierabend gefreut. Den ganzen Tag hatte sie sich wieder mit Rückenschmerzen geplagt. Doch nun hatte der Marktleiter wieder einen Extraauftrag. Und sie musste noch die neugelieferten Paletten mit Blumenerde wegräumen, damit am Morgen die Gänge wieder frei waren.

»Da kann ich den ruhigen Abend auf dem Sofa ja wieder vergessen«, ärgerte sich Marie. Dabei wäre das für ihren Rücken das einzig Vernünftige gewesen. Stattdessen nahm sie noch eine Schmerztablette. Irgendwie musste es ja gehen. Sie war schon mehrfach beim Arzt gewesen, doch der konnte auch nicht feststellen, woher die Rückenschmerzen kamen. Aber für Marie war längst klar: »Das liegt nur an der vielen Arbeit und den Überstunden. Eigentlich ist mein Arbeitgeber schuld.« Ihre Freundin war der gleichen Ansicht: »Ja, du hast recht. Und du solltest endlich was dagegen tun. Verklag deinen Arbeitgeber. Ich kenne da einen guten Rechtsanwalt. Sprich doch mal mit dem.« Und das tat Marie dann auch. »Wenn Sie mir ein Attest bringen, das die Ursache Ihrer Rückenschmerzen bescheinigt, dann sehe ich gute Chancen für Ihre Klage«, sagte der Anwalt zuversichtlich.

Was sagte das Gericht dazu?

Es enttäuschte die Hoffnungen des Anwalts. Denn Recht auf Schmerzensgeld hat nur, wer dem Arbeitgeber vorsätzliches Handeln nachweisen kann. Das gelang in diesem Fall nicht. Derartige Ansprüche setzen nämlich stets den Vorsatz des Schädigers voraus, der sich nicht nur auf die eigentliche Handlung, sondern auch auf die Folgen erstrecken muss. Danach genügt es nicht, dass dem Arbeitgeber seine Pflichtverletzung bewusst ist. Er muss die gesundheitlichen Folgen beim Arbeitnehmer zumindest billigend in Kauf nehmen. Und genau dieser Nachweis konnte nicht erbracht werden (LAG Koblenz, 11 Sa 408/04 – 11/04).

Versetzung:
»Das geht bei mir nicht – ohne Auto kann ich den neuen Arbeitsplatz nicht erreichen!«

Birgit H. (32) wankte geschockt aus dem Vorstandszimmer. Wenn sie ihrer Verzweiflung nicht sofort Luft machen konnte, würde sie platzen. Zurück am Arbeitsplatz, brach es auch gleich aus ihr heraus: »Kinder, ihr glaubt nicht, was der Boss mir antun will!« Neugierig scharten sich die Kolleginnen um sie. »Stellt euch vor, er schiebt mich zum nächsten Ersten in unsere Außenstelle nach Tupfingen ab!«, berichtete sie und konnte ein Schluchzen kaum unterdrücken. »Um dort hinzukommen, müsste ich mir extra ein Auto kaufen, aber das sehe ich gar nicht ein, und wovon denn auch – bei dem lumpigen Gehalt?« Birgit redete sich immer mehr in Rage. »O Gott, in dem Kaff hängen wirklich Fuchs und Hase tot überm Zaun«, formulierte eine Kollegin voller Mitgefühl.

Tupfingen lag nämlich etliche Kilometer vom hiesigen Werk entfernt und war mit öffentlichen Verkehrsmitteln kaum zu erreichen. »Das lässt du dir nicht gefallen! Du kennst doch diesen netten Anwalt, den rufst du jetzt an, und dann geht ihr gemeinsam gegen die Versetzung vor«, schlug eine Kollegin vor. Gesagt, getan. »Wie ich sehe, haben Sie im Arbeitsvertrag mit Ihrer Unterschrift zugestimmt, dass sie auch an eine andere Betriebsstätte versetzt werden können«, bremste der Anwalt Birgits Hoffnungen. »Ach, diesen Wisch musste jeder in meiner Firma unterzeichnen, aber noch nie ist so etwas wirklich passiert«, erklärte sie. »Und überhaupt: Weil ich kein eigenes Auto habe, dürfen die mich gar nicht versetzen!«

Was sagte das Gericht dazu?

Das Gericht fackelte nicht lange und versetzte Birgits Chef – in Erstaunen! Es schloss sich nämlich Birgits Argumentation an und erläuterte auch, warum: Besitzt ein Arbeitnehmer kein Auto, so darf ihm das beruflich nicht zum Verhängnis werden. Er darf nicht ohne weiteres an eine mehrere Kilometer entfernte Betriebsstätte versetzt werden, auch wenn diese Möglichkeit im Arbeitsvertrag ausdrücklich erwähnt wird. Der Arbeitgeber muss erst prüfen, ob es einen Mitarbeiter gibt, den die Versetzung weniger hart trifft (LAG Hessen, 8 Sa 124/05 – 7/05).

2.

Ausreden von Autofahrern bei der Polizei

Die Polizei, dein Freund und Helfer: Dieser alte Spruch bewahrheitet sich aus der Sicht vieler Autofahrer im Straßenverkehr eher selten. Denn der Verkehrspolizist ist das natürliche Feindbild des Autofahrers, und erst recht natürlich aller notorischen Verkehrssünder. Weshalb gerade die alles daransetzen, mit einer guten (oder weniger guten) Ausrede der gerechten Strafe zu entgehen. So wie dieser offenkundig angetrunkene Fahrer: »Ich war an dem Unfall nicht schuld, eine unabsichtlich eingenommene Überportion Alkohol trübte meine Sinne.«

Klar, dass der Mann mit einer derart billigen Ausrede nicht ungeschoren davonkam. Manche Unfallverursacher schieben auch die Familie oder Freunde vor, um möglichst glimpflich davonzukommen. Doch die Bußgeldstelle zeigt sich meist wenig nachsichtig, auch wenn es um offensichtlich »pikante« Details geht wie in diesem Fall: »Weil meine Frau mich unsittlich berührte, beschlug mir die Brille, darum fuhr ich auf das fremde Fahrzeug auf.« Man kann den guten Mann verstehen und nur bedauern, aber er musste wohl oder übel die volle Schuld für den Unfall akzeptieren.

Lediglich für Erheiterung auf den Bürofluren der Bußgeldstelle sorgte auch die Ausrede dieser Tierfreundin: »Ich kann nichts dafür, dass der Verkehr sich staute, ich musste die gefährdeten Kröten von der Fahrbahn retten.« Nachdem der Sachbearbeiter seinen Lachanfall überstanden hatte, verhängte er ein Verwarnungsgeld wegen Verkehrsgefährdung. Hoffentlich haben wenigstens die Kröten den Vorfall gut überstanden.

Gar nicht dumm war hingegen diese Ausrede eines Falschparkers: »Ich dachte, ich darf auf dem Behindertenparkplatz stehen, weil ich keinen Schulabschluss habe.« Und er konnte seine fehlende Qualifikation auch belegen. Nicht aber seine Berechtigung, auf einem Behindertenparkplatz zu stehen. Fazit: Das Bußgeld blieb bestehen, er musste zahlen. Viele Verkehrssünder wehren sich allerdings. Und ziehen mit ihren Ausreden vor Gericht. Die besten lesen Sie hier.

Alkoholfahrt: »Ich bin nicht unter Alkohol gefahren – ich habe den Wagen nur rollen lassen!«

Noch ein Bier zum Feierabend. So hatte es Holger O. (28) eigentlich geplant. Deshalb hatte er seinen Wagen auch vor einer Einfahrt in der Nähe seiner Stammkneipe geparkt. Er wusste genau, dass der betreffende Anwohner nicht vor 20 Uhr nach Hause kommen würde, denn er war mit ihm befreundet. So lange konnte er die Einfahrt also versperren.

Doch es kam alles ein bisschen anders. Ein Stammgast aus der Kneipe hatte nämlich Geburtstag und wollte unbedingt einen ausgeben. Holger ließ sich überreden zu bleiben. »Also gut, wenn du mich so lieb bittest und mir noch einen Cocktail spendierst, dann bleibe ich. Dann muss ich eben später mit der Bahn fahren und den Wagen morgen abholen.«

Um 20:30 Uhr wurde die fröhliche Runde um einen Gast erweitert. Es war Stefan F. (44), der Anwohner, vor dessen Einfahrt Holger geparkt hatte. Er wollte gern sein Auto in die Garage stellen und war auf der Suche nach Holger. »Oh, so ein Mist, mein Auto steht ja vor deiner Garage. Tut mir leid«, entschuldigte dieser sich. »Kannst du denn nicht ausnahmsweise mal draußen parken? Du siehst doch, ich bin nicht mehr ganz nüchtern und darf nicht fahren.« Doch Stefan schüttelte den Kopf: »Damit ich morgen früh mein Auto freikratzen kann? Es ist Frost angesagt. Also bitte, komm in die Hufe. Du brauchst doch nur kurz von der Auffahrt runter.« Holger setzte sich ins Auto. Er ließ den Wagen nicht an, sondern löste nur die Handbremse. Er rollte ein Stück rückwärts, damit Stefan vorbeikonnte.

Plötzlich stand wie aus dem Nichts gekommen ein Steifenwagen neben ihm. »Hallo, was machen Sie denn da? Hauchen Sie mich mal an!« 1,3 Promille ergab der Alkotest. »Aber ich bin doch gar nicht gefahren. Ich habe nicht mal den Motor gestartet, nur die Handbremse gelöst.« Doch die Beamten kannten kein Erbarmen. Später in der Kneipe nahm Stefan seinen Freund beiseite: »Dagegen musst du klagen. So geht es doch nicht. Ich sage auch für dich aus. Und auch alle Kumpels hier.«

Was sagte das Gericht dazu?

Es ließ Gnade walten. Denn der Weg, den Holger mit dem Auto rollend zurücklegte, war mit ein bis zwei Metern nur sehr kurz. Er durfte seinen Führerschein behalten, da die Richter ein Fahrverbot für unverhältnismäßig gehalten haben (Bayer. Oberlandesgericht, 2 ObOWi 757/04 – 1/05).

Auffahrunfall: »Der Mann vor mir besaß die Frechheit, einfach auf die Bremse zu treten!«

»Verdammt, nun fahr doch, grüner wird's nicht«, schimpfte Inga F. (36). Sie war mal wieder viel zu spät dran und musste noch ihre Tochter von der Tagesmutter abholen. Der Fahrer vor ihr schien es hingegen gar nicht eilig zu haben. Gemütlich zuckelte er vor ihr her, bremste vor jeder Ampel vorsorglich ab und hielt auch schon bei Gelb. »Mann, da wärst du doch noch dreimal rübergekommen«, fluchte Inga weiter. »Was für ein

Bierkutscher!« Die Ampel sprang auf Grün, und weiter ging es, immer noch in gemütlichem Tempo. Aber an Überholen war hier nicht zu denken. Die nächste Kreuzung tauchte auf, die Ampel zeigte Grün. Plötzlich leuchteten vor Inga rote Bremsleuchten auf. Sie trat voll in die Eisen, doch es war zu spät. Mit einem lauten Krachen fuhr sie auf ihren Vordermann auf. Entgeistert blickte sie zur Ampel, die immer noch Grün zeigte. Dann sprang sie aus dem Auto. »Warum haben Sie denn gebremst? Haben Sie Tomaten auf den Augen? Die Ampel war grün!«, fauchte sie den Fahrer des anderen Wagens an, der auch ausgestiegen war. »Ist Ihnen etwas passiert?«, fragte der ältere Herr besorgt. »Nein«, blaffte Inga ihn an. »Aber Ihretwegen komme ich zu spät, um meine Tochter abzuholen. Außerdem ist mein Auto ein Haufen Schrott. Das wird noch ein Nachspiel haben. Sie können doch nicht einfach bei Grün bremsen, das ist doch eine Frechheit – oder ein Zeichen von absoluter Unfähigkeit. Also zerreißen Sie am besten sofort Ihren Führerschein.«

Inga hatte sich inzwischen bei ihrem Hintermann vergewissert, dass die Ampel tatsächlich noch auf Grün gestanden hatte. Der Wagen hinter ihr war noch rechtzeitig zum Stehen gekommen. »Ja«, bestätigte der Fahrer. »Die Ampel war noch grün, Sie haben recht. Ich habe mich auch gewundert, warum Sie so plötzlich gebremst haben.« Trotzdem flatterte Inga kurz darauf ein Bußgeldbescheid ins Haus, gegen den sie sich vor Gericht wehrte.

Was sagte das Gericht dazu?

Es ließ Ingas Argumente nicht gelten. Denn das Problem war nicht das abrupte Anhalten des Vordermannes, sondern Ingas zu geringer Sicherheitsabstand. Und auch wenn eine Ampel Grün zeigt, darf keiner einfach aufs Gas treten, um noch kurz hinter dem Vordermann mit über die Kreuzung zu kommen. Inga hätte einen ausreichenden Sicherheitsabstand einhalten müssen (LG München, 19 S 2047/04 – 6/05).

Ampelsünde (1): »Wegen der Sonneneinstrahlung hat die rote Ampel grün geschimmert!«

Holger Sch. (34) trat aufs Gas, die Ampel war schon auf Gelb gesprungen. Und als er in die Kreuzung fuhr, sah er auch schon das Blitzlicht der fest installierten Kontrollanlage. »So ein Mist, der Blitzer funktioniert doch sonst nie«, dachte er noch.

Trotzdem fuhr er mit unvermindertem Tempo weiter. Denn für den Kundentermin war er schon fast zu spät dran. Als er einige Zeit später den Bußgeldbescheid zugeschickt bekam, wollte er die Strafe (vier Punkte und ein Monat Fahrverbot) nicht hinnehmen.

Vor allem das Fahrverbot konnte er in seinem Job überhaupt nicht gebrauchen. Deshalb schickte er einen Widerspruch: »Wegen der tiefstehenden Sonne fiel das Licht so ungünstig auf die Ampel, dass ich das grüne Licht aufleuchten sah. Deshalb habe ich an der Ampel nicht gestoppt.«

Doch die Behörde lehnte den Widerspruch rundweg ab. »Aber ich habe wirklich Grün gesehen«, beharrte Holger, als er mit seinem Anwalt über den anstehenden Prozess sprach.

Was sagte das Gericht dazu?

Es war erstaunt über so viel Einfalt – und zeigte Holger die rote Karte. Denn derartige Ausreden hatte es schon viel zu oft gehört. Deshalb haben sich inzwischen mehrere Gutachter mit diesem Phänomen beschäftigt und genau das Gegenteil herausgefunden. Die einfallenden Sonnenstrahlen haben eher den Effekt, dass »Dauerrot« herrscht. Holger wurde wegen grober Fahrlässigkeit verurteilt (OLG Hamm, 20 U 156/98).

Ampelsünde (2): »Ich konnte nicht so lange auf Grün warten, ich hatte es sehr eilig!«

»So ein Mist, ich bin schon wieder zu spät dran«, dachte Marcel P. (23) und trat mächtig in die Pedale seines Fahrrads. Sein Chef hatte ihn schon mehrfach ermahnt, weil er morgens zu spät zur Arbeit gekommen war. Wenn er sich beeilte, konnte er es gerade noch schaffen. Geschickt schlängelte er sich an der Autoschlange vorbei. Der Berufsverkehr kam mal wieder nur im Schritttempo vorwärts. Dann bremsten die Autos vor ihm. Weiter vorn an der Kreuzung war die Ampel auf Rot gesprungen. »Egal«, sagte sich Marcel. Im Nu war er an den wartenden Autos vorbeigeradelt und an der Kreuzung einfach rechts abgebogen. Noch ein Blick auf die Uhr. Ja, diesmal würde er es schaffen und pünktlich zur Arbeit erscheinen. Die Einfahrt der Firma war nur noch wenige Meter entfernt. Am Fahrradständer sprang Marcel vom Rad. Und sah aus dem Augenwinkel, dass ein grünweißes Auto in die Einfahrt einbog. Er wollte schon zum Eingang rennen, als er von einem der Polizisten angesprochen wurde. »Sie sind an der Kreuzung Bismarckstraße/Waldallee bei Rot gefahren.« Marcel wurde blass. »Äh, woher wissen Sie …?«, stotterte er. »Wir haben Sie gesehen. Haben Sie Ihren Ausweis dabei?«, fragte der Beamte. Hektisch blickte Marcel wieder auf seine Uhr, während er sein Portemonnaie aus der Hosentasche fischte. »Ich habe es schrecklich eilig. Mein Chef, wissen Sie …« Der Beamte sah ihn streng an: »Noch lange kein Grund, bei Rot über die Ampel zu fahren. Rotlicht gilt auch für Radfahrer.« Sein Kollege war inzwischen hinzugetreten und schrieb sich Marcels Namen und Adresse auf. »Stehen Sie halt früher auf, dann kommen Sie auch pünktlich«, wies er Marcel zurecht. Als der Wochen später den Bußgeldbescheid bekam, ging er sofort zum Anwalt. Es musste ihm unbedingt gelingen, die Strafe abzuwenden.

Was sagte das Gericht dazu?

Für Radler gilt keine Ausnahme, deshalb wurde die Ausrede nicht akzeptiert. Auch Radfahrer müssen rote Ampeln beachten. Und da die Ampel schon seit fünf Sekunden Rot zeigte, bekam Marcel ein Bußgeld von 60 Euro aufgebrummt (OLG Karlsruhe, 1 Ss 119/03 – 3/06).

Beleidigung: »Bulle zu sagen ist doch nichts Schlimmes – so werden die Polizisten ja auch im Fernsehen genannt!«

In einem beschaulichen bayerischen Örtchen rechnet einfach niemand damit, dass es schon morgens um sieben an der Haustür Sturm klingelt. »Wer stört denn in dieser Herrgottsfrühe?«, beschwerte sich Rosi F. (23) bei ihrem Freund Franz G. (26). Die beiden waren durch das Klingeln aus dem Schlaf gerissen worden. »I geh scho«, grummelte Rosi, als Franz keine Anstalten machte aufzustehen. Schlaftrunken schlich sie zur Tür und öffnete. Und bekam gleich einen Schreck. Denn vor ihr standen zwei uniformierte Polizeibeamte. »Guten Morgen, finden wir bei Ihnen den Halter des Fahrzeugs mit dem Kennzeichen XY ...?«

Rosi rieb sich verwirrt die Augen und verstand gar nicht, was der Beamte gefragt hatte. »Franzl, komm doch mal. Hier san Bull'n!«, rief sie in die Wohnung. Kurz darauf antwortete der Freund: »Wos, Bull'n? Was wolln's denn von uns?«

Schließlich kam auch er an die Tür. Da hatte aber der zweite Beamte schon seinen Block gezückt. »Darf ich um Ihre Namen bitten? Das gibt eine saftige Anzeige wegen Beamtenbeleidigung.« Rosi und Franz sahen sich entgeistert an. »Was haben wir denn getan«, fragte die junge Frau.

»Die Bezeichnung Bulle müssen wir uns nicht gefallen lassen«, polterte der erste Beamte los.

»Aber des sogt doch jeder, sogar im Fernsehen. Da ist doch nix dabei.« Franz konnte die ganze Aufregung nicht verstehen. Doch zwei Wochen nach dem Besuch der Beamten flatterte dem jungen Paar tatsächlich eine Anzeige ins Haus. »Des lassma uns net g'fall'n«, ärgerte sich Franz. »Komm, mir geh'n zu mei'm Bruder Josef. Der is Anwalt. Des kann doch net sein. Bei uns in Bayern is Bulle a ganz normales Wort für Polizei. Und koana regt si drüber auf.«

Was sagte das Gericht dazu?

Es ließ Gnade walten für das Bergvölkchen. Denn der Begriff ist Teil der Umgangssprache und besonders in der bayerischen Mundart zu Hause. Deshalb ist er als Synonym für das Wort »Polizeibeamter« zu verstehen – und keine Beleidigung, zumindest nicht im Süden der Republik (LG Regensburg, 3 Ns 134 Js 97458/04 – 10/05).

Blitzfoto:
»Ich bin nicht die Temposünderin auf dem Bild – aber ich habe eine Zwillingsschwester ...«

Tanja D. (23) und Lisa D. (23) waren ein Herz und eine Seele, meistens jedenfalls. Denn sie waren Zwillingsschwestern. Sie wohnten sogar zusammen und teilten sich ein Auto. Eines Abends kam Tanja ganz zerknirscht nach Hause. »Du, Lisa, ich glaube, ich bin heute mit dem Auto geblitzt worden. Da war diese Baustelle. Und ich wollte doch noch schnell zur Uni, bevor die Bibliothek schließt. Da war ich wohl etwas zu schnell. Und plötzlich hat es geblitzt.« Lisa klopfte ihr auf die Schulter. »Nun warte doch erst mal ab. Vielleicht hast du dich ja geirrt.«

Doch Lisas Hoffnung erfüllte sich nicht. Einige Wochen später kam tatsächlich ein Bußgeldbescheid. 150 Euro sollten die Zwillinge zahlen. »Dagegen legen wir erst mal Widerspruch ein. Sag einfach, du bist nicht gefahren«, schlug Lisa vor. Und das tat Tanja dann auch. Ein paar Tage später kam ein Beamter vorbei. Mit dem Foto aus der Blitzanlage. Als Lisa ihm die Tür öffnete, sagte er sofort: »Ah, guten Tag, Frau D. Sie sind also doch gefahren.« Dabei schaute er zwischen dem Bild in seiner Hand und der Frau an der Tür hin und her. Lisa protestierte jedoch gleich: »Nein, ich bin nicht gefahren.« Kurz darauf kam ihre Schwester zur Tür. Und da war die Überraschung des Beamten groß. Denn Tanja sagte ebenfalls: »Ich bin nicht gefahren.« So musste der Beamte unverrichteter

Dinge wieder abziehen. »Das kämpfen wir durch bis zum obersten Gericht«, entschied Lisa energisch. »Die können uns gar nichts nachweisen. Wir müssen uns auch nicht gegenseitig belasten, weil wir Schwestern sind.«

Was sagte das Gericht dazu?

Dieses Mal kamen die beiden noch davon. Denn es war tatsächlich nicht zu ermitteln, wer von beiden gefahren war. Die Behörde drohte allerdings bei Wiederholung Fahrtenbuchpflicht an. Einzige Strafe für die Schwestern: 10,20 Euro Verwaltungsgebühr (VG Neustadt, 6 K 839/06.NW – 12/06).

Fußgänger-Unfall: »Ich kann nichts dafür – der Mann hat sich hinter meiner Kopfstütze versteckt!«

Schon wieder kein Parkplatz zu finden. Es war wie verhext. »Was wollen die nur alle in der Stadt? Haben die kein Zuhause?« Michaela F. (44) war schon mehrmals um den Block gefahren und hatte keine freie Parklücke entdecken können. Sie musste dringend ins Rathaus. Aber auf dem Besucherparkplatz war natürlich auch kein Platz frei gewesen. »Oh, da fährt einer raus«, dachte Michaela erfreut. »Endlich.«

Als sie jedoch näher kam, begann sie zu zweifeln. »Da komm ich doch nie rein«, dachte sie. Beim Einparken war sie schon immer etwas unsicher gewesen. »Egal, ich probiere es«, fasste sie Mut. Nach einigem Hin und Her hatte sie es fast geschafft.

Dann gab es jedoch einen Ruck. »O Gott, was war das denn?«, sagte Michaela und sprang aus dem Auto. Da saß ein älterer Mann auf dem Gehweg hinter ihrem Auto und hielt sich den Arm. »Au, mein Arm«, jammerte er. »Haben Sie mich denn nicht gesehen? Sie haben mich angefahren, da bin ich gestürzt.«

Sofort rief Michaela den Rettungswagen, danach die Polizei. Dann versuchte sie dem Mann aufzuhelfen. »Kommen Sie, setzen Sie sich in mein Auto. Tut Ihnen sonst noch etwas weh?« Ganz bestürzt versuchte sie, dem Mann so gut es ging zu helfen. Als der verletzte Fußgänger abgeholt worden war, fragte der Polizist noch einmal: »Was ist denn überhaupt passiert?«

»Ich weiß es doch auch nicht.« Michaela zuckte mit den Schultern. »Ich war beim Einparken und spürte plötzlich einen Ruck. Als ich ausstieg, saß der Herr auf dem Gehweg. Ich habe aber nichts gesehen beim Rückwärtsfahren. Die Kopfstütze war im Weg. Er muss sich dahinter versteckt haben. Und außerdem kann er doch auch nicht einfach zwischen den Autos herumlaufen. 50 Meter weiter ist doch ein Überweg.«

Kurz darauf bekam Michaela einen amtlichen Brief. Der Fußgänger hatte sie wegen fahrlässiger Verkehrsgefährdung angezeigt.

Was sagte das Gericht dazu?

Die Richter schüttelten den Kopf. Denn wer nicht richtig sehen kann, wohin er fährt, sollte sich am besten gar nicht von der Stelle bewegen. Und dem Fußgänger die Schuld in die Schuhe zu schieben brachte Michaela auch nichts. Denn ein Passant, der hinter einem auf der Fahrbahn parkenden Wagen die Straße überqueren will, muss nicht damit rechnen, dass der Fahrer sein Auto unvermittelt zurücksetzt (OLG Hamm, 6 U 64/98 – 02/98).

Handy:
»Ich habe gar nicht beim Fahren telefoniert, sondern nur die Uhrzeit vom Display abgelesen!«

Markus St. (39) hatte sich zeitlich verschätzt und trat aufs Gaspedal. Trotzdem zweifelte der Außendienstler daran, noch rechtzeitig zu seinem Kundentermin zu kommen. Um sich zu vergewissern, wie viel Zeit ihm noch blieb, nahm er kurz sein Handy aus der Halterung und schaute auf die Uhrzeit. Wenn er sich beeilte, konnte er es gerade noch schaffen.

Doch ein paar Augenblicke später überholte ihn ein Polizeiwagen und signalisierte ihm, rechts heranzufahren. Jetzt konnte er seinen Termin endgültig vergessen. Was wollten die Bullen nur von ihm? Er war zwar schnell gefahren, hatte aber das Tempolimit eingehalten. »Wissen Sie nicht, dass Sie während der Fahrt nur per Freisprechanlage telefonieren dürfen?«, wurde Markus von einem der Ordnungshüter gefragt. »Macht 40 Euro Bußgeld!« – »Moment mal«, erwiderte Markus verdattert, »ich habe doch überhaupt nicht telefoniert, sondern wollte nur kurz die Uhrzeit ablesen. Das können Sie nachprüfen, ich zeige Ihnen gern meine Liste der abgehenden Anrufe.«

Doch der Polizist ließ sich nicht erweichen. Wenig später kam der Bußgeldbescheid. Aber den wollte Markus nicht hinnehmen. Er fühlte sich nach wie vor ungerecht behandelt. Er hatte definitiv nicht telefoniert – warum sollte er eine Strafe zahlen für etwas, was er nicht getan hatte?

Am nächsten Morgen rief er daher seinen Anwalt an.

Was sagte das Gericht dazu?

Das Oberlandesgericht Hamm (Az. 2 Ss Owi 177/05 – 7/05) sieht es bereits als Verstoß gegen das Handy-Verbot im Auto an, wenn man wie Markus nur die Uhrzeit vom Display abliest. Doch das Oberlandesgericht Köln entschied anders (Az. 83 Ss-Owi 19/05 – 11/05): Nach Ansicht der Richter kann nur echtes Telefonieren oder das Verschicken einer SMS bestraft werden. Wer das Handy lediglich in die Hand nimmt, um es an einen anderen Platz im Auto zu legen, macht sich nicht der »Benutzung« schuldig und geht straffrei aus.

Idiotentest:
»Die Blutprobe gilt nicht – denn zu der Zeit war ich gar kein Verkehrsteilnehmer!«

»Du Mistkerl«, rief sie. »Du Schlampe«, entgegnete er in gleicher Lautstärke. Da reichte es den Nachbarn, und sie riefen die Polizei.

Kurz darauf klingelten zwei Beamte an der Wohnungstür von Thea (43) und Manfred (49) M. »Waaas?«, schnauzte Manfred, als er die Tür aufriss. Er hatte offenbar mit den Nachbarn gerechnet, die sich mal wieder beschweren wollten. »Guten Abend, Herr M. Ihre Nachbarn haben sich über Lärm beschwert. Da wollten wir mal nachsehen, was los ist.« Der Beamte war ausgesucht freundlich. »Nich's is hier looos«, lallte Manfred. »Nach Aussagen Ihrer Nachbarn wurde hier aber laut gestritten«, beharrte der Beamte. Manfred hielt sich am Türrahmen fest und rief über seine Schulter: »Thea, du Miststück, komm mal her.« Worauf seine offensichtlich betrunkene Frau ebenfalls zur Tür gewankt kam. »Wasn loos?« Ihre Aussprache klang ähnlich verwaschen wie die ihres Mannes. »Ham wir gestritten?«, fragte Manfred sie. »Nö, wir doch nicht.« Den Beamten wurde es jetzt zu bunt. »Wir gehen jetzt mal alle zusammen auf die Wache und machen eine Blutprobe.«

Trotz Protest mussten Thea und Manfred mitkommen. Sie wurden später wieder zu Hause abgesetzt und zur Ruhe ermahnt. Einige Wochen nach dem Vorfall bekam Thea Post von der Straßenverkehrsbehörde. Dort wurde sie wegen auffälligen Alkoholkonsums zur medizinisch-psychologischen Untersuchung gebeten – im Volksmund auch als »Idiotentest« bekannt. »Was soll das denn? Ich bin doch gar nicht betrunken gefahren. Was wollen die von mir?«

Nach einem Anruf stellte sich heraus, dass der Alkoholtest nach der nächtlichen Ruhestörung an die Verkehrsbehörde weitergeleitet worden war. »Aber an dem Abend bin ich doch überhaupt nicht gefahren, war überhaupt kein Verkehrsteilnehmer. Wir haben uns zu Hause einen auf die Lampe gegossen. Das ist doch nicht verboten. Was geht das die Behörde an?« Thea weigerte sich, den Test zu machen. Auch die zweite Aufforderung lehnte sie ab und ging stattdessen zum Anwalt.

Was sagte das Gericht dazu?

Thea durfte die Aufforderung zur Untersuchung ignorieren und muss auch nicht um ihren Führerschein bangen. Denn Trinken als Verkehrsteilnehmer oder zu Hause auf dem Sofa sind zwei Paar Schuhe. Die Aufforderung zur MPU war unzulässig. Denn der Alkoholkonsum stand in keinem Zusammenhang mit dem Straßenverkehr (Verwaltungsgericht Augsburg, Au 3 S 05/167 –3/05).

Parkgebühr: »Ich wollte ja zahlen – aber der Automat hat meine Münze immer wieder ausgespuckt!«

Tobias E. (34) war froh, dass er endlich eine Parklücke gefunden hatte. Nachdem er in der Nähe der Wohnung seiner Freundin Andrea fünfmal um den Block gekurvt war, war endlich ein anderes Auto weggefahren. »Wie ärgerlich, jetzt muss ich hier auch noch bezahlen«, fluchte der junge Mann. Aber was sollte es, die beiden wollten sowieso gleich wieder los. Da konnte er schon mal 50 Cent investieren. Zum Glück hatte Tobias eine passende Münze im Geldbeutel. Doch von wegen »passend«. Als er sie in den Parkscheinautomaten warf, klimperte es verdächtig – das Geldstück war durchgefallen. Das Gleiche beim nächsten Versuch. Auch der Trick mit dem Reiben der Münze am Pullover brachte keinen Erfolg. Der blöde Automat wollte die Münze einfach nicht schlucken. »Na gut, dann eben nicht«, sagte sich Tobias. Als er nach einer Stunde mit Andrea zum Auto zurückkam, klemmte ein Strafzettel hinter dem Scheibenwischer. »Na, das hätte ich mir ja denken können. Nur weil der Automat mein Geld nicht wollte, soll ich jetzt blechen. Aber das lass ich mir nicht einfach so bieten. Wenn das Ding kaputt ist, muss man ja auch nicht zahlen. Und das ist doch so gut wie kaputt, wenn das Geld immer durchfällt, oder?«, fragte er Andrea. »Klar, du solltest dich gegen diesen Strafzettel ruhig wehren.« Und das tat Tobias dann auch.

Was sagte das Gericht dazu?

Es glaubte Tobias nicht, denn der Automat war nicht gestört. Also lag es an der Münze, die Tobias einwerfen wollte. Aber nur wenn der Parkscheinautomat defekt ist, darf ohne Schein geparkt werden. Liegt es an der Münze, muss man sich anders behelfen, z.B. den nächstteureren oder zwei kleinere Parkscheine ziehen (Oberlandesgericht Hamm, 3 Ss OWi 576/05 – 5/06). Das Bußgeld musste Tobias bezahlen.

Parkverbot:
»Wieso soll ich hier nicht stehen dürfen – das sieht doch wie ein normaler Parkplatz aus!«

»Hey, was soll das denn?« Als Hannelore P. (50) zu ihrem geparkten Wagen zurückkam, war sie völlig überrascht. Denn an der Windschutzscheibe prangte ein Knöllchen. Sie nahm den Zettel und sah ihren Mann Walter (58) fragend an. »Siehst du hier irgendwo ein Halteverbotsschild?« Tatsächlich war da eines. Doch darauf stand: Außerhalb gekennzeichneter Flächen. Hannelore nickte: »Da steht es doch. Und die Fläche, auf der ich stehe, ist doch gekennzeichnet. Also hat doch alles seine Ordnung.« Ihr Auto stand in einer Reihe mit vielen anderen am Straßenrand. Vor und hinter dem Fahrzeug waren weiße Linien zu sehen. »Na, das lasse ich mir aber nicht gefallen«, sagte Hannelore. Als dann der Bußgeldbescheid kam, glaubte sie zu verstehen, was sie falsch gemacht hatte. Laut Erläuterung der Behörde stellte der Platz zwischen den weißen Linien, auf dem sie geparkt hatte, eine »nicht gekennzeichnete Fläche« dar. »Ja, aber woher soll ich denn wissen, dass man gerade dort nicht parken darf? Mit den weißen Strichen sah das für mich aus wie eine normale, gekennzeichnete Parklücke.« So schilderte sie den Fall auch in ihrem Widerspruch. Doch der wurde abgelehnt. Und die Sache ging vor Gericht.

Was sagte das Gericht dazu?

Es fand Hannelores Einwand leicht nachvollziehbar. Denn die Fläche, auf der ihr Auto gestanden hatte, erweckte durch die Linien der angrenzenden Parkplätze den Eindruck, ebenfalls ein regulärer Parkplatz zu sein (OLG Hamm, 3 Ss OWi 49/05 – 12/05). Deshalb gilt hier der Leitsatz: »Im Zweifel für den Angeklagten.«

Temposünde (1): »Der Gegenverkehr hat mich geblendet, deshalb habe ich die Geschwindigkeitsbegrenzung übersehen!«

Endlich Feierabend. Petra D. (36) war froh, als sie gegen 22.30 Uhr aus dem Büro kam. Kurz vor 18 Uhr war ihr Chef mit einem dicken Aktenstapel bei ihr aufgekreuzt. »Frau D., ich brauche heute dringend Ihre Hilfe. Ich muss ja morgen zur Konferenz beim Kunden, und dafür benötige ich noch ein paar Aufstellungen über unsere Geschäftszahlen. Darf ich Sie bitten, die heute noch zusammenzustellen? Dafür können Sie dann morgen Mittag schon gehen.«

Diese Bitte konnte Petra natürlich nicht ablehnen. Schnell organisierte sie eine Betreuung für ihre 10-jährige Tochter. Ihre Mutter konnte glücklicherweise einspringen, denn Petras Mann hatte seinen Feuerwehr-Abend. Als alle Arbeit geschafft war, hatte sie nur noch einen Gedanken: Jetzt schnell zur Mutter, um die Tochter abzuholen. Die Strecke kannte sie gut, deshalb trat sie ordentlich aufs Gas. Und zuckte plötzlich zusammen. War das nicht ein Lichtblitz gewesen? »Mist, hier ist ja jetzt eine Geschwindigkeitsbegrenzung!« Die hatte Petra völlig vergessen.

Als sie dann Wochen später den Bußgeldbescheid erhielt, war sie doch etwas geschockt: 250 Euro und ein Punkt. Sie war 117 km/h schnell gewesen. Erlaubt waren aber nur 70. Sie legte umgehend Widerspruch gegen den Bescheid ein. Begründung: »Weil der Gegenverkehr mich geblendet hat, konnte ich das Schild mit dem Tempolimit nicht erkennen.«

Was sagte das Gericht dazu?

Blindflug schützt vor Strafe nicht, meinten die Richter. Denn wenn Petra schon die Schilder nicht erkennen konnte, hätte sie die Geschwindigkeit erst recht drosseln oder notfalls sogar anhalten müssen (AG Lüdinghausen, 89 Js 366/05 – 22/05). Als Strafe muss Petra ein einmonatiges Fahrverbot hinnehmen.

Temposünde (2): »Ich bin als Beifahrer in die Tempo-30-Zone gekommen – und dann muss ich nicht auf Schilder achten!«

»Fährst du mich? Wir müssen noch das Auto am Gemeindehaus abholen«, fragte Pia D. (30) ihren Freund Nick B. (28). »Klar.« Pia war am Tag zuvor 30 geworden und hatte mit vielen Freunden gefeiert. Am Abend hatte Nick sie mit ihrem Wagen zum Gemeindehaus gefahren, das sie für die Feier gemietet hatte. In der Nacht waren beide mit dem Taxi nach Hause gefahren. »Wo hast du überhaupt geparkt? Komme ich von dort aus wieder nach Hause?« Pia kannte sich in dem Stadtteil nicht aus.

»Ach, das findest du schon. Da war so ein kleiner Parkplatz, ein paar Schritte von der Kirche entfernt. Da musst du nur geradeaus weiter und dann an der nächsten Ampel links. Dann kommst du auf die Hauptstraße.« Pia nickte. »Okay, das werde ich schon finden.«

Kurz nachdem sie losgefahren war, blitzte es. Eine Radarfalle. »Was soll das denn – eine Tempokontrolle am Sonntag?« Pia war mit 52 km/h unterwegs gewesen – und das in einer Tempo-30-Zone. Dafür sollte sie 50 Euro Bußgeld zahlen. »Aber woher soll ich denn wissen, dass dies eine 30er-Zone ist«, beschwerte sie sich bei den Beamten. »Mein Freund hat mich nur hier abgesetzt, ich war Beifahrer und habe natürlich nicht auf die Schilder geachtet. Und gestern Abend war es nicht anders. Auch da hat mich Nick nur zur Kirche gefahren und das Auto dann allein geparkt.« Als der Bußgeldbescheid kam, ging Pia damit zum Anwalt.

Was sagte das Gericht dazu?

Es stimmte der Argumentation von Pia zu. Denn für Beifahrer gilt: Sie müssen sich nicht um Verkehrsschilder kümmern. Die gelten nur für den Fahrer. Und Pia hatte auch nicht die Pflicht, sich zu erkundigen, ob sie möglicherweise in einer Tempo-30-Zone unterwegs war (OLG Hamm, 3 Ss OWi 602/05 – 11/05). Das Bußgeld wurde ihr erlassen.

Temposünde (3)
»Ich konnte nicht wissen, wie schnell ich bin – mein Tacho war kaputt!«

Thea B. (67) sortierte die Post, die gerade eingetroffen war. Ein paar Werbesendungen, ein Brief für ihren Mann. Und ein amtliches Schreiben für ihren Sohn Paul (32), der noch zu Hause bei den Eltern wohnte. Als Paul abends von der Arbeit kam, fing ihn seine Mutter ab. »Du hast schon wieder einen Strafzettel bekommen«, sagte sie besorgt. »Was ist es denn diesmal? Zu schnell gefahren oder eine rote Ampel?« Ihr Sohn war schon häufiger mit der Straßenverkehrsordnung in Konflikt geraten. Paul riss genervt den Brief auf. »Zu schnell!«, antwortete er lakonisch. »Aber diesmal konnte ich gar nichts dafür. Und das werde ich denen auch schreiben. Denn mein Tacho war kaputt. Das weißt du doch noch, oder? Ich hatte den Wagen deshalb sogar in die Werkstatt gebracht. Und die Rechnung dafür habe ich auch noch. Geblitzt haben sie mich zwei Tage vorher. Darum konnte ich gar nicht wissen, dass ich zu schnell war.« Skeptisch blickte Thea ihrem Sohn nach. »Faule Ausrede«, dachte sie. Und auch die Bußgeldstelle sah das so. Denn Pauls Widerspruch gegen den Bescheid wurde glatt abgelehnt. Der junge Mann wollte aber nicht aufgeben und klagte dagegen.

Was sagte das Gericht dazu?

Es bremste den jungen Raser aus und argumentierte: Wenn der Tacho defekt sei, müsse man eben besonders aufmerksam sein. Die eigene langjährige Fahrpraxis sowie das Motorengeräusch und die Geschwindigkeit der anderen Wagen hätten es Paul zudem ermöglichen müssen, das vorgeschriebene Tempolimit ungefähr einzuhalten (OLG Köln Ss 532/00 Z – 5/01).

Temposünde (4):
»Die Straße war so schön ausgebaut, da habe ich einfach nicht mit einem Tempolimit gerechnet!«

»Prima, dass du es endlich mal geschafft hast, mich zu besuchen«, freute sich Berta F. (78). »Noch ein Stück Kuchen?« Julia T. (34) nickte. »Ja, gern. Ich hätte schon viel eher kommen sollen. So weit ist es gar nicht. Und die Straße ist sehr gut ausgebaut.«

Den Besuch bei ihrer Tante hatte Julia fast schon wieder vergessen, als sie einen Bußgeldbescheid bekam. »Wo soll das denn gewesen sein?«, rätselte sie. Dann fiel es ihr wieder ein – es musste auf der Fahrt zu ihrer Tante gewesen sein. 99 km/h hatte die Auswertung der Polizei ergeben. Auf der gut ausgebauten Straße war aber nur Tempo 70 erlaubt. »Das ist doch die reine Abzocke«, schimpfte Julia.

Deshalb legte sie Widerspruch gegen den Bußgeldbescheid ein. »Ich bin dort zum ersten Mal gefahren und habe kein Schild gesehen. Außerdem habe ich auf der vierspurigen geraden Straße kein Tempolimit erwartet«, argumentierte sie. Doch die Behörde blieb bei ihrer Strafe. Deshalb klagte Julia dagegen.

Was sagte das Gericht dazu?

Es ließ Gnade für Ortsfremde walten, deshalb bekommt Julia recht. Fahrer, die die Strecke nicht kennen, müssen auf einer gutausgebauten Straße, die frei von Baustellen und Schäden ist, nicht mit einer Geschwindigkeitsbegrenzung rechnen (OLG Karlsruhe, 1 Ss 120/05 – 11/05). Bußgeld und Fahrverbot werden nicht verhängt.

3.

Ausreden beim Finanzamt

Finanzbeamte sind von Berufs wegen hart im Nehmen. Doch manche Bürgerbegehren strapazieren selbst ihr Nervenkostüm aufs äußerste. Wie zum Beispiel diese Erklärung eines unwilligen Steuerzahlers, der offenbar jegliche Bodenhaftung verloren hatte: »Weil ich bereits mehrmals von Außerirdischen entführt wurde und es mir jetzt endgültig reicht, müssen meine Ausgaben für Einbruchschutz, Alarmanlage und Fallschirm (falls ich beim nächsten Mal entkommen kann) steuerlich voll anerkannt werden.« Was sich das angebliche Opfer einer dreisten Alien-Bande dabei dachte, wissen nur die Sterne.

Aber auch Pädagogen erweisen sich immer wieder als besonders findig, wenn es um die Aufbesserung ihres Gehalts mittels Steuerersparnis geht: »Als Lehrer bin ich für die Organisation der Klassenreisen verantwortlich, daher mache ich meine zahlreichen Abos hochwertiger Reisezeitschriften als Werbungskosten geltend.« Eine wahrhaft schulmeisterliche Globetrottel-Begründung!

Besonders häufig kommt es indes vor, dass der Laie die Wirren des Finanzrechts nicht ganz durchschaut oder sogar gründlich missversteht. Wie sonst hätte diese kuriose Postkarte ihren Weg bis ins Finanzamt gefunden: »Meine Steuerschuld habe ich bereits letztes Jahr beglichen, damit ist Ihre aktuelle Forderung hinfällig!« Die deutsche Steuergesetzgebung mag tatsächlich einmalig sein – die Steuerpflicht ist es leider nicht.

Aber weil die Gesetze so verwirrend sind, kann man schon mal auf so kuriose Ideen kommen wie dieser Steuerpflichtige:

»Weil ich im Laufe des letzten Jahres eine hohe Steuernachzahlung an Ihr Finanzamt leisten musste, stand mir dieses Geld nicht zur Verfügung – wir müssen also mein Einkommen um genau den Betrag der Steuernachzahlung niedriger ansetzen.« Ach, wäre es schön, könnte man tatsächlich auch seine Steuern von der Steuer absetzen ...

Den Vogel schoss allerdings ein Steuerberater ab, der sich im Namen seines kürzlich verstorbenen Klienten zu folgender Formulierung hinreißen ließ: »Ich kann meine Steuern nicht zahlen, weil ich tot bin!« Noch mehr verbale Sargnägel finden sich im folgenden Kapitel.

Betriebsausflug: »Solche Veranstaltungen sind kein Vergnügen – also darf ich die Kosten dafür absetzen!«

»Immer diese blöden Zwangs-Vergnügungen«, stöhnte Kai R. (27). Seine Freundin Gudrun (25) wusste: Betriebsausflüge und Firmenfeste waren nicht sein Ding. Wann immer er konnte, drückte er sich vor diesen Veranstaltungen. Jetzt stand eine Schifffahrt mit der gesamten Belegschaft auf dem Programm. »Da musst du dich blicken lassen. Deine Kollegen denken sonst noch, du hast was gegen sie«, nahm Gudrun ihn ins Gebet. »Stimmt doch auch«, begehrte Kai auf. »Die Nasen sehe ich schon während der Arbeit lange genug, die muss ich mir nicht auch noch während der Freizeit antun!« Gudrun versuchte es mit einer kleinen List. »Dann betrachte den Ausflug eben nicht als Freizeit, sondern als Arbeit. Dadurch kriegst du bei der Steuer sogar noch was raus.« – »Wie denn das?«, fragte Kai neugierig. »Ganz simpel«, erläuterte Gudrun. »Die Kosten für die Fahrt zu eurem Treffen und von dort aus wieder zurück setzt du später als Werbungskosten ab. Immerhin handelt es sich ja um eine berufliche Veranstaltung. Ihr werdet hauptsächlich über den Job reden. Von Vergnügen kann daher

keine Rede sein.« – »Wo du recht hast, hast du recht«, stimmte Kai zu. Also führte er bei der nächsten Steuererklärung tatsächlich entsprechende Werbungskosten an. Das Finanzamt machte ihm allerdings buchstäblich einen Strich durch die Rechnung. Was Kai nicht einsehen wollte und mit einer Klage quittierte.

Was sagte das Gericht dazu?

Obwohl es um einen Betriebsausflug ging, erlitt Kai mit seiner Klage Schiffbruch. Die Richter akzeptierten, dass eine gemeinsame Exkursion von Kollegen auch Gesprächen über den Job dient. Ihrer Meinung nach stünden dabei allerdings zwischenmenschliche Kontaktpflege und Freizeitspaß im Vordergrund. Folglich seien Ausgaben für die Fahrt zu derlei Treffen nicht als beruflich bedingte Werbungskosten von der Steuer abzusetzen (Finanzgericht Düsseldorf, 10 K 2335/00 – 4/04).

Computer: »Weil ich keinen eigenen PC habe, muss das Finanzamt die Kurskosten als beruflich anerkennen!«

»Na, Herr W., wie klappt es denn mit dem Computer? Zeigt der Kursus schon Wirkung?«, fragte Günter B. (53) seinen Mitarbeiter Michael W. (35). Er war als einfacher Lagerarbeiter in die kleine Firma gekommen. Und weil der Chef große Stücke auf Michael hielt, hatte er ihn zu einem Computerkurs geschickt. Er wollte ihn langsam zum Lagerleiter aufbauen, doch Michael hatte vom PC keine Ahnung gehabt. »Danke, es klappt schon ganz gut, Chef. Ich übe auch fleißig mit meinen Kollegen aus dem Kurs.« Im Weggehen drehte sich Michael noch mal um. »Da fällt mir gerade ein: Können Sie mir noch eine Bestätigung fürs Finanzamt schreiben, dass ich den Kurs für die Arbeit brauche? Dann könnte ich die Kursgebühr von der Steuer absetzen. Schließlich zahle ich das Ganze ja aus der eigenen Tasche.« Günter nickte. »Kein Problem, die können Sie sich heute Nachmittag bei meiner Sekretärin abholen.« Doch aus der erhofften Steuererstattung wurde nichts. Als er seinen Bescheid erhalten hatte, rief Michael bei der Behörde an. »Warum haben Sie mir den Computerkurs nicht angerechnet?«

»Sie wollen mir doch nicht wirklich erzählen, dass Sie diesen Kurs für Ihre Arbeit benötigen?«, entgegnete der Beamte. »Aber ich habe Ihnen doch die Bestätigung vom Arbeitgeber vorgelegt!«, protestierte Michael ärgerlich. »Der kann Ihnen ja alles Mögliche bescheinigen.« Jetzt wurde Michael richtig sauer. »Meinen Sie vielleicht, ich hänge mir das Diplom aus Jux an die Wand? Ich habe überhaupt keinen Computer zu Hause. Privat habe ich damit gar nichts am Hut. Ich lege Widerspruch gegen den Bescheid ein.« – »Tun Sie das«, sagte der Beamte ganz entspannt. Als auch Michaels Widerspruch abgelehnt wurde, klagte er gegen die Entscheidung.

Was sagte das Gericht dazu?

Es gab Michael recht. Denn da dieser privat keinen Computer besaß, gab es für ihn nur einen beruflichen Anlass, überhaupt an dem Kurs teilzunehmen (Finanzgericht Rheinland-Pfalz, 5 K 1944/03 – 7/06). Die Kursgebühr muss bei den Werbungskosten anerkannt werden.

Diät:
»Der Arzt hat mir eine Diät empfohlen – also muss ich Kosten dafür absetzen dürfen!«

Karina P. (38) war zu dick, daran war nicht zu rütteln. Natürlich hatte sie in den letzten Jahren die verschiedensten Diäten ausprobiert, aber keine davon lange durchgehalten. Entweder gab sie schon vor den ersten sichtbaren Erfolgen auf – oder sie nahm anschließend genauso schnell wieder zu, wie sie vorher abgenommen hatte. Völlig entnervt klagte sie ihrem Hausarzt ihr Leid. »Da alles andere nicht geholfen hat, rate ich Ihnen zur Veggi-Kur nach Doktor Brunck«, meinte der. »Dabei schlemmen Sie sich mit Luxus schlank: magerstes Fleisch, exotisches Obst und Gemüse. Sie werden sehen, das hilft!« Der Hausarzt erläuterte genau den Speiseplan, und motiviert machte sich Karina voller Optimismus an die verordnete Diät.

Doch mit jedem Kilo, das verschwand, schrumpfte gleichzeitig ihr Kontostand. Die Ausgaben für die speziellen Lebensmittel überstiegen jedes Durchschnittsmaß. Ein wenig absurd war das schon, denn noch nie zuvor hatte Karina für so viel Geld so wenig auf den Teller bekommen ... Bei der Steuer führte sie ihre Diät-Kosten als »außergewöhnliche Belastung« auf. Genau das waren diese Ausgaben nämlich: »außergewöhnlich« hoch und eine einzige finanzielle »Belastung«. Das Finanzamt schloss sich dieser Einschätzung leider nicht an. »Mir ist diese Diät ärztlich empfohlen worden«, erklärte Karina daraufhin ihrem Anwalt. »Ich gebe nicht freiwillig so viel Geld aus, ich werde aus gesundheitlichen Gründen dazu genötigt. Es ist skandalös, dass so etwas steuerlich nicht honoriert wird, dagegen werde ich mich wehren!«

Was sagte das Gericht dazu?

Es erteilte ihr eine fette Absage und entschied: Die Ausgaben für eine vom Hausarzt empfohlene Diät muss das Finanzamt nicht als außergewöhnliche Belastung akzeptieren. Denn das ist beim Kauf von Lebensmitteln im Einkommensteuergesetz ausdrücklich nicht vorgesehen (BFH III B 5/00 – 3/01).

Elektrosmog:
»Das Finanzamt muss mir dabei helfen, mich vor schädlichen Strahlen aus dem All zu schützen!«

Hilde G. (56) war empört. In der Nähe ihres Hauses wurde eine Mobilfunkstation errichtet. Noch ein hässlicher Turm, der die Gegend verschandelte. Und dann die gesundheitlichen Gefahren, die von dem Ungetüm ausgingen! Hilde kannte sich damit aus, ihr Sohn war ein leidenschaftlicher Handygegner und hatte seine Mutter schon vor längerer Zeit über die

Risiken dieser modernen Kommunikationstechnik aufgeklärt: »Man nennt das Elektrosmog. Das sind elektromagnetische Wellen, die niemand sehen kann. Die kommen von überall her, auch aus dem All. Und die wirken sich auf jeden lebenden Organismus aus. Dass das ungefährlich sein soll, kann mir niemand weismachen!«

Hilde starrte ängstlich auf die Turmbaustelle und stellte sich all die Strahlen vor, die von nun an ihr Haus und sie selbst durchdringen würden. Grauenhaft! Wenn sie schon den Bau der Mobilfunkstation nicht verhindern konnte, so würde sie sich wenigstens entsprechend gegen die Gefahren wappnen.

Hilde erstand im Fachhandel spezielle Tapeten und eine Fensterfolie, die elektromagnetische Wellen abhalten sollten. Damit die ganze Wohnung auszustatten riss ein großes Loch in ihre Finanzen. Aber sie war fest entschlossen, sich das Geld zurückzuholen – und zwar vom Finanzamt. Ihr Sohn hatte sie auf diese Idee gebracht: »Setze all diese Ausgaben bei der nächsten Steuererklärung als Krankheitskosten ab«, hatte er vorgeschlagen. »Du hast dein Geld ja nicht unnütz zum Fenster hinausgeworfen, diese Ausgaben waren zwingend nötig. Ohne die Schutzmaßnahmen wärst du vermutlich schon krank – also soll der Staat dich wenigstens bei deiner Gesundheitsvorsorge unterstützen!«

Was sagte das Gericht dazu?

Es wollte sich der Besorgnis der Klägerin nicht anschließen, sondern urteilte folgendermaßen: Nach derzeitigem Wissensstand stellen elektromagnetische Felder einer Mobilfunkstation keine konkrete Gefahr für die Gesundheit dar. Um Risiken vorzubeugen, reicht es aus, wenn die Emissionsgrenzwerte eingehalten werden. Private Schutzmaßnahmen gegen Elektrosmog sind daher nicht wie Krankheitskosten von der Steuer absetzbar (Finanzgericht Karlsruhe, 13 V 1/05 – 6/05).

Formulare: »Ich habe die Vordrucke nicht verstanden und konnte deshalb keine Steuertricks nutzen!«

Wie immer hatte Bodo K. (34) das Ausfüllen seiner Steuererklärung monatelang vor sich hergeschoben. Weil er den Formularkram verabscheute. Jedes Jahr dieselbe öde Quälerei mit diesen unverständlichen Vordrucken – eine Zumutung war das! Als sich die Sache nicht länger aufschieben ließ, suchte er lustlos die Kopien seiner letzten Erklärung heraus. Dann schrieb er von dort seine alten Einträge ab und übertrug sie in die neuen Bögen. Natürlich aktualisierte er die eine oder andere Angabe, aber ansonsten überflog er die Papiere nur. Das Extraheftchen mit den Erklärungen schaute er schon aus Trotz nicht an. Schließlich wollte er keine Doktorarbeit verfassen, sondern lediglich seine Steuererklärung ausfüllen. Er war heilfroh, als er die Unterlagen endlich in den Briefkasten stecken und das Ganze vergessen konnte. Bis ein Kollege ihn ansprach: »Diesmal kriegen wir sicher ein nettes Extrasümmchen erstattet wegen unserer Außeneinsätze in der Schweiz. Wir waren ja im letzten Jahr mehrmals drüben.« Bodo verstand nur Bahnhof. Im Lauf der Unterhaltung stellte sich dann heraus, dass er völlig vergessen hatte anzugeben, dass er ein paarmal außerhalb seines Wohnsitzes beschäftigt gewesen war.

Bodo reichte daraufhin schnell die entsprechenden Angaben nach, aber das Finanzamt verweigerte die Annahme. Die Frist für einen Widerspruch sei in seinem Fall längst abgelaufen, beschied man ihm. »Ihr Fragebogen war so kompliziert, dass ich da nicht sofort durchgestiegen bin. Die Fakten, die ich jetzt aufführe, entsprechen den Tatsachen. Ich hatte lediglich versäumt, sie einzutragen – was ich nun nachgeholt habe«, versuchte Bodo in einem Telefongespräch mit dem Amt zu retten, was zu retten war. »Tut uns leid«, entgegnete der Sachbearbeiter knapp, »Frist ist Frist! Wenn es Ihnen Spaß macht, können

Sie uns ja verklagen.« – »Worauf Sie sich verlassen können«, dachte Bodo zornig bei sich.

Was sagte das Gericht dazu?

Bodo hatte Pech. Zwar räumten die Richter ein, dass viele Menschen Schwierigkeiten beim Durcharbeiten der Steuerformulare haben. Aber sie fanden dennoch nicht, dass die Vordrucke zu kompliziert sind. Auch einem steuerrechtlichen Laien sei zuzumuten, in der Anlage N beispielsweise die Umstände einer Beschäftigung außerhalb seines Familienwohnsitzes zu beschreiben. Begründung: Die detaillierten Fragebögen und die zugehörige Anleitung böten genug Hilfe (FinG Hamburg III 131/96 – 01/98).

Haushaltsnahe Dienstleistungen: »Wenn ich selbst etwas bezahle, muss ich es auch beim Fiskus absetzen dürfen!«

»Hier, lies mal! Ich habe so einen Newsletter zum Steuerrecht bekommen. Da steht drin, dass man Handwerkerlöhne für »haushaltsnahe Dienstleistungen« jetzt von der Steuer absetzen kann. Da können wir doch gleich unseren Anteil für die Gartenarbeit in der Eigentums-Wohnanlage geltend machen.« Norbert T. (51) hielt seiner Frau Elisabeth (48) einen Computerausdruck hin. »Oh, das ist ja prima. Dann bastele das doch gleich mit in die Steuererklärung rein«, schlug sie vor. Wochen später prüfte Norbert den Bescheid vom Finanzamt über die errechnete Steuererstattung. »Du, Lissi, ich versteh das nicht – die haben die Gartenarbeit nicht anerkannt.« – »Dann ruf doch mal an und frag, warum das nicht anerkannt wird.« Sofort hängte sich Norbert ans Telefon. »Und, was sagen sie?«, fragte Elisabeth, als er wieder ins Arbeitszimmer kam. »Weil der Verwalter die Arbeit in Auftrag gegeben hat. So ein Quatsch. Zahlen müssen *wir* das doch. Ist doch piepegal, wer den Auftrag erteilt. Ich lege mal Widerspruch gegen den Bescheid ein.« Einige Wochen später flatterte die Ablehnung des Widerspruchs ins Haus. »Jetzt reicht es mir aber. Das steht uns doch zu. Der Verwalter handelt in unserem Auftrag, und wir müssen den Handwerker zahlen. Jetzt gehe ich zum Anwalt. Die können mit uns doch nicht machen, was sie wollen.«

Was sagte das Gericht dazu?

Nein, die Finanzbeamten können wirklich nicht machen, was sie wollen, sondern müssen tun, was das Gericht sagt. Und das sagte in diesem Fall: Auch Besitzer von Eigentumswohnungen können haushaltsnahe Dienstleistungen geltend machen, selbst wenn der Verwalter den Auftrag für die Arbeiten vergibt (FinG Baden-Württemberg, 13 K 262/04 – 5/06).

Hundesteuer: »Ich brauche das Tier für meine Arbeit und nicht als Freizeitvergnügen – deshalb will ich keine Hundesteuer zahlen!«

»Benny, bei Fuß«, rief Hartmut V. (48) seinen Wachhund. Schon kam der braune Mischling angelaufen und sprang aufgeregt um sein Herrchen herum. »Los, wir drehen unsere Abendrunde«, kommandierte Hartmut und machte sich auf den Weg zu den Hühnerställen. Er war Landwirt, und sein Hof lag einige Kilometer außerhalb des nächsten Dorfes. Manchmal versuchten Füchse in die Stallungen einzudringen. Deshalb machte er abends regelmäßig seine Runde über den Hof. Dabei stöberte Benny durch das Gebüsch. Nachts ließ Hartmut den Hund frei auf dem Hof laufen, um eventuelle »Hühnerdiebe« fernzuhalten. Weshalb er auch nicht einsah, dass er für Benny Hundesteuer zahlen sollte. Der Gemeindevorsteher war zwar auf seiner Seite, konnte aber aufgrund der Gesetzeslage nichts anderes tun, als immer wieder eine Zahlungsaufforderung zu schicken. Deshalb hatte Hartmut sich schließlich mit seinem Anwalt zusammengesetzt. »Also, mir reicht's jetzt. Dieser ewige Streit mit der Gemeinde. Ich will das endlich geklärt haben. Gehst du mit mir vor Gericht?« »Ja, ich sehe das genau wie du. Benny dient schließlich nicht deinem Freizeitvergnügen.«

Was sagte das Gericht dazu?

Wuff! Hartmut hat recht. Wird ein Hund als Arbeitstier eingesetzt, ist sein Halter von der Steuer befreit. Entscheidend dabei ist, dass der Hund beim Geldverdienen helfen soll. Und das traf ja hier auf Benny zu (VG Stuttgart, 11 K 2382/04 – 1/06). Er sorgte schließlich dafür, dass der Geflügelbestand nicht von Räubern dezimiert wurde.

Schlaflosigkeit:
»Ich kriege in einem normalen Bett kein Auge zu – deshalb müssen die Kosten für meine Spezialmatratze anerkannt werden!«

»Endlich kann ich wieder halbwegs gut schlafen«, seufzte Nelly S. (61). Nach ihrem Bandscheibenvorfall war das Liegen in ihrem alten Bett zur Qual geworden. »Gut, dass ich mir diese tolle neue Matratze und den Lattenrost gekauft habe.« Sie war bei ihrer Freundin zum Kaffee eingeladen. Zuletzt war sie nur noch selten aus dem Haus gegangen, weil sie sich immer so schlapp fühlte, da sie nicht schlafen konnte. Jetzt hatte sie wieder Spaß daran, sich mit Freunden zu treffen. »Und da musste dich erst dein Arzt drauf bringen?«, fragte ihre Freundin Gerda (69). »Ja, genau. Er hat mich zum Amtsarzt geschickt und dann in so ein Bettenfachgeschäft. Der Amtsarzt hat mir bescheinigt, dass ich unbedingt eine hochwertige Unterlage fürs Bett brauche.« Jetzt hoffte Nelly, dass sie auch noch das Geld für die teure Anschaffung, immerhin fast 2000 Euro, von der Steuer absetzen konnte. »Der Amtsarzt hat mir immerhin geraten, das bei der Steuererklärung geltend zu machen.« Doch die Enttäuschung war groß, als sie den Bescheid vom Finanzamt zurückbekam. Abgelehnt! Die Kosten für Matratze und Lattenrost waren nicht als außergewöhnliche Belastungen anerkannt worden. Sofort legte Nelly Widerspruch ein, doch auch damit kam sie nicht durch. Deshalb beschloss Nelly, es auf einen Prozess ankommen zu lassen. Schließlich brauchte sie die teure Unterlage wegen ihres Rückenleidens.

Was sagte das Gericht dazu?

Nellys Leiden wurde zumindest in finanzieller Hinsicht gelindert. Denn da sie sich schon vorher vom Amtsarzt ein Attest geholt hatte, wird die Anschaffung als medizinisches Hilfsmittel anerkannt (FG Rheinland-Pfalz, 1 K 2625/03 – 5/04). Nelly darf die Kosten als außergewöhnliche Belastung absetzen.

»Wenn das Finanzamt nicht rechnen kann, muss es mir eben die Kosten für einen Steuerberater erstatten!«

Als Helmut K. (39) abends seinen Briefkasten öffnete, flatterte ihm gleich der Brief vom Finanzamt entgegen. »Endlich«, dachte er bei sich. Er wartete nämlich seit Wochen gespannt darauf, wie viel an Steuererstattung es dieses Jahr geben würde. Mit seinem Softwareprogramm war er am PC auf ein hübsches Sümmchen gekommen, das er schon längst verplant hatte.

Umso größer war sein Schock, als das Finanzamt ihm mitteilte, dass es ihm nicht nur kein Geld zurückerstatten, sondern ihn sogar zu einer Nachzahlung verdonnern wollte. »Das stimmt doch hinten und vorne nicht«, murmelte Helmut ungläubig, konnte aber den Rechenfehler des Finanzamtes selbst nicht finden. Also gab er den Vorgang in die Hände eines Steuerberaters. Der Fachmann überprüfte alles, und aufgrund seiner Intervention stellte sich schließlich alles als Irrtum des Finanzamtes heraus. »Die Rechnung vom Steuerberater habe ich gleich an die Schnarchnasen vom Amt weitergeleitet«, erzählte Helmut ein paar Wochen später an seinem Stammtisch. »Ich sehe nicht ein, dass ich auf den Kosten sitzen bleibe. Schließlich musste ich mir den Steuerberater nur nehmen, um die falschen Berechnungen vom Amt aufzudecken. Und nun haltet euch fest: Das Finanzamt weigert sich allen Ernstes, mir die Kosten zu erstatten!« – »Die spinnen wohl! Auf einen groben Klotz gehört ein grober Keil«, war man sich am Stammtisch einig. »Da hilft nur, das Finanzamt zu verklagen!« Moralisch dermaßen gestärkt, nahm Helmut sich schon am nächsten Tag einen Anwalt.

Was sagte das Gericht dazu?

Auf diese Weise kann man dem Fiskus tatsächlich ein Schnippchen schlagen. Laut Gerichtsurteil muss das Finanzamt nämlich für Folgen von eigenen Fehlern selbst aufkommen. Beauftragt also ein durch falsche Berechnung Geschädigter einen Steuerberater, um den Schaden aufzudecken, hat das Amt die Beraterkosten zu zahlen (Landgericht Potsdam, 4 O 220/04 – 12/05).

Urlaub oder nicht: »Was heißt hier Ferien – ich war bei einem philippinischen Wunderheiler!«

Britta Sch. (51) hatte schon eine lange Ärzte-Odyssee hinter sich. Niemand konnte ihre Beschwerden eindeutig erklären, geschweige denn behandeln. Die einen vermuteten eine Störung des Immunsystems, die anderen eine Stoffwechselerkrankung – es gab keine Diagnose, die Britta nicht schon gehört hatte. Auch nach etlichen Therapien ging es ihr keinen Deut besser. Von einer Bekannten erhielt sie schließlich den Tipp mit dem Wunderheiler auf den Philippinen. »Dieser Medizinmann hat meine Freundin gesundgebetet, als die Ärzte in Deutschland sie schon aufgegeben hatten«, schwärmte sie Britta vor. »Lass dich von ihm behandeln!« – »Warum eigentlich nicht?«, überlegte Britta. »Etwas Urlaub täte mir ohnehin gut, und wenn ich mich gleichzeitig kurieren lasse, schlage ich zwei Fliegen mit einer Klappe.«

Der Asientrip war denn auch ein voller Erfolg. Britta genoss ihre Ferien, und der Besuch beim Heiler wurde für sie zu einem spirituellen Erlebnis. Mit viel Brimborium, leisem Gemurmel, Pülverchen und Wässerchen legte sich der Geistheiler ordentlich ins Zeug. Die Summe, die er anschließend von Britta forderte, war happig, aber sie zahlte gern. Zumal sie bereits bei ihrer Rückkehr das Gefühl hatte, dass es ihr spürbar besserging. Der Wunderheiler war sein Geld wert gewesen. Sie glaubte sich daher völlig im Recht, als sie die Reise- und Behandlungskosten als außergewöhnliche Belastung bei der nächsten Steuererklärung geltend machte. Doch das Finanzamt stellte sich quer, wollte die Kosten nicht anerkennen. Was Britta nicht nachvollziehen konnte. Sie fühlte sich weiterhin gut, der Besuch beim Wunderheiler war in ihren Augen mehr als gerechtfertigt gewesen. Also wähnte sie sich auf der sicheren Seite, als sie gegen den Entscheid ihres Finanzamtes klagte.

Was sagte das Gericht dazu?

Es hegte wenig Sympathie für die wundersame Behandlung und wies die Klage ab. Dabei wurde eingeräumt, dass Kosten für Heilmaßnahmen, die man aus eigener Tasche bestritten hat, sich als außergewöhnliche Belastung bei der Steuererklärung geltend machen lassen. Das gelte aber nur für den Fall, dass Ärzte oder zugelassene Heilkundler die Behandlung vorgenommen haben. Nicht aber für philippinische Wunderheiler (FinG Düsseldorf 15 K 5899/93 E – 11/97).

Vordrucke: »Warum soll ich für meine Erklärung die amtlichen Formulare nehmen – der Staat spart doch Geld, wenn ich die am PC selbst mache!«

»Na, wird es für ein schönes Abendessen reichen?«, fragte Hanna F. (44) ihren Mann Bernd (48), der nun schon den zweiten Abend an der Steuererklärung des Paares saß. »Für ein Essen? Ich hoffe, das reicht für mehr! Mit der Steuererstattung sollte unser Urlaub schon zur Hälfte gesichert sein.« Bernd grinste.

Am nächsten Tag brachte er die Steuererklärung mitsamt der Belege zum Finanzamt. Doch der Beamte wollte das Formular nicht annehmen. »Wissen Sie denn nicht, dass wir nur Originalformulare annehmen? Diese selbst ausgedruckten Bögen darf ich nicht akzeptieren.« – »Aber wieso denn nicht? Die sehen doch auch nicht anders aus als die vorgedruckten.« Bernd schüttelte verärgert den Kopf. »Tut mir leid, ich habe doch auch nur meine Anweisungen. Ich geben Ihnen hier die Bögen mit, dann können Sie die Zahlen schnell übertragen.« Der Beamte war sichtlich zerknirscht. Doch das änderte für Bernd auch nichts. Wütend packte er seine Belege wieder zusammen. »Das wird ein Nachspiel haben. Ich gehe mit dem Fall zum Anwalt. Mir geht es ums Prinzip. Denn das macht doch keinen Unterschied, ob Originalformular oder Computerausdruck – zumal der Staat ja sogar noch spart, wenn ich seine Formulare nicht benutze.«

Was sagte das Gericht dazu?

Das Finanzamt war im Unrecht. Die Steuererklärung darf auch auf einseitig privat gedruckten oder fotokopierten Vordrucken abgegeben werden. Entsprechen die Kopien dem amtlichen Muster, darf das Finanzamt sie nicht abweisen und stattdessen Originalformulare verlangen (Bundesfinanzhof, VI R 15/02 – 5/06).

Zweitwohnungssteuer: »Ich zahle nicht – wenn ich mich scheiden lassen würde, müsste ich ja auch nicht zahlen!«

Ganz fest nahm Achim D. (36) seine Frau Beate (32) in den Arm. Und wischte ihr ein paar Tränen aus dem Gesicht. »Du weißt doch, Schatz, es geht nicht anders.« Sie schniefte ein wenig und seufzte: »Ja, ich weiß. Aber ich werde dich vermissen.« Achim musste ab sofort für ein Jahr in Hannover arbeiten. Dort sollte er für seine Firma eine neue Zweigstelle aufbauen. »Das ist eine große Chance für mich. Und es ist doch nur für ein Jahr«, hatte er seiner traurigen Frau erklärt. Sie hatte natürlich zugestimmt. Aber das hieß: Ein Jahr lang Wochenendbeziehung. Schon vor einem Monat hatte sich Achim eine kleine möblierte Wohnung in Hannover gesucht. Gleich am ersten Abend rief er ganz erbost seine Frau an. »Weißt du was? Ich war heute auf dem Amt, um hier meinen Zweitwohnsitz anzumelden. Und die verlangen doch tatsächlich eine Zweitwohnungssteuer. Ist das nicht eine Frechheit? Wenn wir nicht verheiratet wären und einfach so in zwei Städten leben würden, müsste ich nichts zahlen. Ich finde das unerhört. Die reine Abzocke.« Als Achim am Wochenende zu Beate nach Hause kam, verkündete er: »Ich glaube, ich werde eine Verfassungsbeschwerde einreichen. Wo bleibt denn der Gleichheitsgrundsatz? Das mit dieser Steuer ist einfach ungerecht.« Achim setzte sein Vorhaben in die Tat um und ging schon in der folgenden Woche zum Anwalt.

Was sagte das Gericht dazu?

Die Gerechtigkeit siegte auch hier. Ehepaare, die aus beruflichen Gründen die Woche über getrennt in zwei Städten leben, zahlen keine Zweitwohnungssteuer. Die würde sie nämlich gegenüber unverheirateten Paaren tatsächlich benachteiligen (BVerfG, 1 BvR 1232/00 und 1 BvR 2627/03 – 10705, VG Mainz, 3 L 156/06).

Ausreden von Kunden

Das Einkaufen hat so seine Tücken. Denn so manches Schnäppchen entpuppt sich später als teurer Fehlkauf. So erging es auch diesem Kunden: »Den Kühlschrank möchte ich zurückgeben, weil er zu viel Energie verbraucht – im Innenraum brennt die ganze Zeit das Licht!« Verständlich, oder?

Auch andere Widrigkeiten können dazu führen, dass man die neugekaufte Ware plötzlich gar nicht mehr benötigt. Dann wäre ein wenig Kulanz seitens des Händlers doch wünschenswert, wie in dem traurigen Fall dieses Witwers: »Meine Frau ist gestorben, und ich habe keine Verwendung für die Küchenmaschine. Deshalb will ich sie zurückgeben.«

Viel Verständnis hat man auch, wenn eine Ware gar nicht zum Gebrauch geeignet ist. Dann muss der Händler doch für den Nutzungsausfall geradestehen, oder? »Ich konnte meine neue Hose nicht anziehen, weil das Sicherheitssiegel nicht entfernt wurde. Für die zwei Wochen verlange ich eine Erstattung.«

Doch nicht nur mit dem Einzelhandel gibt es oft Probleme. Auch Handwerker sorgen immer wieder für Ärger. Kein Wunder also, dass mancher Kunde sich mit Hilfe eines Tricks schadlos halten möchte, wie die folgende Forderung beweist: »Von den lauten Handwerkerarbeiten hat mein Wellensittich einen psychischen Schaden davongetragen. Dafür verlange ich Schadenersatz von der Firma.«

Gute Nerven müssen Verbraucher auch beim Umgang mit Telefongesellschaften haben. Ein Telefon ist zwar eine nützliche Sache, doch was ist, wenn man sie gar nicht nutzen kann? Eine Gebührenminderung ist dann doch das mindeste, was man erwarten kann, oder? »Ich hatte zwei Wochen wegen einer Krankheit keine Stimme, deswegen möchte ich meine Telefonrechnung entsprechend kürzen.«

Auch zu gesundheitlichen Schäden kann das Telefon führen, nämlich dann, wenn es immer klingelt und man das gar nicht möchte. Eine Frau verlangte deshalb einen Ausgleich: »Ich bekomme ständig unerwünschte Telefonanrufe, deshalb stehe ich kurz vor einem Nervenzusammenbruch. Dafür muss die Telefongesellschaft Schmerzensgeld zahlen.« Doch so verständlich all diese Ansprüche sind, sie stoßen oft auf taube Ohren. Aber manch einer zieht damit trotzdem vor Gericht – hier sind ein paar Beispiele.

eBay-Gebot: »Ich habe nichts gekauft – mein kleiner Sohn hat am Computer gespielt!«

»Papa, darf ich auch mal?«, fragte der 11-jährige Tobias H. seinen Vater Rainer (43), als der den Computer einschaltete. »Nicht jetzt, Tobi, ich muss noch bei eBay reinschauen, ob wir den Reiseführer bekommen haben, bei dem ich geboten hatte.« Nach zehn Minuten fragte Tobias wieder. »Jetzt lass mich mal meine Sachen erst fertigmachen, dann setzen wir uns zusammen an den Rechner. Versprochen.« Damit gab Tobias sich zufrieden. Dann rief Tanja (39) an, Rainers Frau. »Kannst du mich von der Arbeit abholen?«, fragte sie. »Meine Kollegin kann mich heute nicht mitnehmen.« – »Klar«, sagte Rainer und streifte seine Jacke über. »Tobi, ich bin in einer halben Stunde zurück. Ich hole nur schnell Mutti von der Arbeit ab.«

»Ist gut«, antwortete der Junge und freute sich. Denn offenbar hatte Papa vergessen, seinen Computer auszuschalten. Sofort nachdem die Tür hinter dem Vater zugegangen war, setzte sich Tobias an den Rechner. Und im Nu hatte er per Sofortkauf ein Auto für 50 000 Euro erworben. Als Rainer und Tanja kurz darauf zurückkamen, berichtete Tobias stolz von seinem Einkauf. Sofort informierte Rainer den Verkäufer per Mail, dass sein Sohn aus Versehen den Sofortkauf-Button geklickt habe und er vom Kauf zurücktreten wolle. Darauf wollte sich der Autobesitzer aber nicht einlassen. Er bestand auf der Gültigkeit des Vertrages und verlangte den Kaufpreis. Schließlich nahm sich Rainer einen Anwalt, um aus dem Vertrag herauszukommen, denn schließlich war Tobias noch nicht geschäftsfähig.

Was sagte das Gericht dazu?

Es akzeptierte Rainers Sichtweise. Denn Elfjährige sind geschäftsunfähig, und die Eltern trifft auch kein Verschulden. Deshalb kann der Verkäufer nicht auf der Erfüllung des Vertrages bestehen (LG Bonn, 2 O 472/03 – 12/03).

Gesundheitsprobleme: »Der Lakritz-Hersteller muss mir Schmerzensgeld zahlen, weil er auf seine Packungen keine Warnungen druckt!«

»Brauchst du noch was aus dem Supermarkt, Schatz?«, fragte Günter N. (55) seine Frau Manuela (51). »Ja, bring mir doch bitte noch ein paar Tüten Lakritz mit.« Günter tat, wie ihm geheißen. Eine Woche später allerdings ging es Manuela schlecht. »Ich glaube, ich muss mal zum Arzt«, sagte sie und schob sich eine Lakritzschnecke in den Mund. »Seit ein paar Tagen spüre ich immer so ein Herzrasen.« Günter schaute sie besorgt an. »Hoffentlich nichts Ernstes.« Eine weitere Woche später wussten beide es genau: »Tja, Frau N., diese Herz-Kreislauf-Störungen sind eine ernste Sache. Ich verschreibe Ihnen mal diese Tabletten. Und dann müssen Sie unbedingt aufhören, ständig Lakritz zu essen. Denn der Süßholzzucker, der da drinsteckt, kann zu Herzbeschwerden führen.« Manuela schaute ihren Arzt entgeistert an: »Wollen Sie damit sagen, dass das Lakritz für mein Herzrasen verantwortlich ist?« Der Arzt nickte. »Doch, dass ist wissenschaftlich erwiesen. Also schränken Sie bitte den Verzehr ein, Frau N., sonst nützen Ihnen auch die Tabletten nichts.« Noch am selben Abend berichtete Manuela ihrem Mann von dem Arztbesuch: »Weißt du, was der Arzt gesagt hat? Das Lakritz ist schuld an meinen Herzproblemen. Aber wenn das Zeug gefährlich ist, müssen die das doch auf die Packung schreiben.« Günter nickte nachdenklich. »Ja, du hast recht, wir sollten den Hersteller verklagen. Er soll dir gefälligst Schmerzensgeld zahlen.«

Was sagte das Gericht dazu?

Den Richtern lag die Argumentation schwer im Magen. Grundsätzlich ist es zwar korrekt, dass der im Lakritz enthaltene Süßholzzucker (Glycyrrhizin) für gesundheitliche Probleme sorgen kann. Aber auf diesen Fall bezogen war der Anteil des Inhaltsstoffs zu gering, ein Warnhinweis auf der Packung daher unnötig. Schuld an den gesundheitlichen Beschwerden war allein der übermäßige Verzehr (Oberlandesgericht Köln, AZ: 27 U 12/04 – 9/05).

Handy-Rechnung: »Hunderte SMS zahle ich nicht – so viele kann man gar nicht in ein paar Minuten senden!«

»Nur mit einer SMS können Sie dieses tolle Auto im Wert von 50 000 Euro gewinnen. Beantworten Sie unsere Preisfrage richtig und schicken Sie die Antwort an diese SMS-Kurzwahlnummer.« Die Stimme der TV-Moderatorin klang munter und einladend. »Die Antwort ist doch einfach«, sagte Mike R. (33) zu seiner Freundin und hatte schon die erste Nachricht abgeschickt. »Zur Sicherheit schicke ich noch ein paar SMS. Und dann gewinne ich für dich dieses Traumauto«, versprach Mike. Blitzschnell sausten seine Finger über die Tastatur seines Handys. Doch leider: Der Preis ging nicht an Mike, sondern an jemand anders. Wochen später folgte allerdings die Ernüchterung bei Mike. Er hatte das Gewinnspiel längst vergessen, als er seine Handyrechnung öffnete – und plötzlich über 250 Euro zahlen sollte. »Das kann doch nicht sein«, protestierte der junge Mann. »Ich habe doch nur ein paar SMS verschickt. Das können keine 500 SMS gewesen sein. So schnell kann ich doch gar nicht tippen. Die Rechnung bezahle ich nicht.« Als Mike jedoch beim Mobilfunkanbieter anrief, bestand die Mitarbeiterin darauf. »Es ist so, Sie haben tatsächlich über 500 SMS verschickt. Also zahlen Sie bitte Ihre Rechnung.« Doch Mike sah das gar nicht ein. Und als er eine Mahnung bekam, ging er damit zum Anwalt.

Was sagte das Gericht dazu?

Mike holte sich eine Abfuhr. Die Richter erwiesen sich nämlich als hervorragende Kenner der technischen Materie. Sie befanden, dass man sehr wohl Hunderte von SMS im Sekundenabstand verschicken könne, und zwar per Kurzwahl. Der Kunde musste zahlen, auch ohne weitere Beweise des Mobilfunkbetreibers (AG Elmshorn, 49 C 144/05 – 11/05).

Kaminverkleidung: »Die haben mir eine billige Imitation teuer verkauft – als Laie muss ich doch keine Bau-Fachbegriffe kennen!«

»Schau mal, ist mein Kamin nicht schön?«, schwärmte Klaus F. (40) seiner neuen Freundin Hanna Z. (35) vor. »Ich wollte schon immer einen Marmorkamin haben. So einen hatten nämlich meine Großeltern in ihrem Haus auf dem Land. Und jetzt habe ich mir einen in meiner neuen Wohnung einbauen lassen.« Hanna war begeistert. »Toll, dann können wir im Winter schön davor kuscheln. Hast du auch ein Bärenfell?«, fragte sie kichernd und küsste ihn.

Ein paar Wochen später lud das Paar Hannas Bruder Sönke Z. (41) und seine Frau zum Kaffee ein. Sönke war Bauingenieur und erkannte sofort, dass die Kaminverkleidung kein echter Marmor war, sondern Kalkstein.

»Wo hast du den denn gekauft?«, fragte er Klaus, nachdem er ihn über den Schwindel aufgeklärt hatte. »Ich habe so einen Händler im Internet entdeckt. Der hat mir den Bausatz komplett geliefert, und mein Handwerker hat ihn eingebaut.«

Sönke schüttelte den Kopf. »Also, eins ist klar, da haben sie dich übers Ohr gehauen. Du solltest dein Geld zurückverlangen.« Klaus sagte, er wolle gleich mal mit dem Händler sprechen. Doch der wollte von Betrug natürlich gar nichts hören. »Erlauben Sie mal, in Fachkreisen ist es allgemein üblich, auch Kalkstein als Marmor zu bezeichnen. Erkundigen Sie sich. Sie werden hören, dass ich recht habe. Ich habe Sie nicht betrogen.«

Doch Klaus wollte sich nicht geschlagen geben. »Ist mir doch egal, wie es in Fachkreisen ist. Dazu gehöre ich nicht. Sie haben mir eine Imitation verkauft, und ich will mein Geld zurück. Sonst werde ich Sie verklagen.« Der Händler blieb ganz ruhig: »Tun Sie, was Sie nicht lassen können.«

Was sagte das Gericht dazu?

Klaus war kein Fachmann und bekam recht. Auch wenn der Begriff Marmor im Handel für Kalkstein verwendet wird: Besteht eine als Marmor bezeichnete Kaminfassade nur aus poliertem Kalkstein, darf der Käufer sein Geld zurückverlangen (OLG Düsseldorf, I-3 U 5/04 – 10/04). Das Gericht geht dabei immer von der Sicht des Endverbrauchers aus. Und der hat in der Regel keine Ahnung von den Fachbezeichnungen, die im Handel üblich sind.

Kaufvertrag: »Der Abschluss ist ungültig, weil ihn mein Mann allein und ohne mein Wissen unterschrieben hat!«

Die Eheleute Harald (42) und Steffi (37) G. waren schon länger auf der Suche nach einer größeren Mietwohnung. Die beiden Kinder sollten endlich jeder ein eigenes Zimmer bekommen, und Harald träumte von einem Hobbyraum. Die dauernden Wohnungsbesichtigungen an den Abenden bzw. am Wochenende zehrten an den Nerven des Paares, aber anders ging es ja nicht. Umso erleichterter war Harald, als er eines Tages endlich die vermeintliche Traumimmobilie gefunden hatte. In einem ruhigen Viertel, mit Parkplatz und herrlich sonnigem Südbalkon. Der Preis war happig – zu happig. Aber nachdem beide die Wohnung besichtigt hatten, meldete sich der Makler erneut bei Harald und redete so überzeugend auf ihn ein, dass Harald euphorisch den Vertrag unterschrieb. Steffi würde sich mächtig freuen, dessen war er sich sicher. Aber da kannte er seine Frau schlecht. »Bist du wahnsinnig, wie konntest du das nur unterzeichnen?«, fragte Steffi entgeistert ihren Mann. »Wir hatten uns doch ein Limit gesetzt, und diese Wohnung ist viel zu teuer für uns.« Nun überfiel auch ihren Mann der Katzenjammer. »Ja, das werden wir wohl auf Dauer nur schwer finanzieren können«, seufzte er kleinlaut. »Wir müssen sofort raus aus diesem Vertrag, sonst zwingt man uns womöglich, die Provision zu bezahlen, und das für nichts und wieder nichts! Ich weiß auch schon, wie wir das hinbiegen …« Und so begab sich Steffi am nächsten Tag kampfbereit ins Maklerbüro und erklärte dem fassungslosen Immobilienexperten: »Mein Mann hat gestern die Papiere unterschrieben. Aber ich wusste überhaupt nichts davon und wäre damit auch niemals einverstanden gewesen. Also ist der Vertrag ungültig!« – »Gute Frau, da befinden Sie sich aber gründlich auf dem Holzweg«, entgegnete der Makler ziemlich angesäuert. »Und wenn Sie mir das nicht glauben wollen, sehen wir uns eben vor Gericht wieder.« – »Worauf Sie sich verlassen können«, antwortete ihm Steffi.

Was sagte das Gericht dazu?

Es konnte über Steffis Begründung nur milde lächeln und stellte fest: Haben die Eheleute gemeinsam eine Immobilie besichtigt, haften beide für die Bezahlung der Maklerprovision. Das gilt auch, wenn nur einer den Vertrag unterzeichnet hat. Dasselbe betrifft normale Anschaffungen für den Haushalt (Waschmaschine, Möbel) und alle anderen Geschäfte, die der Deckung des gemeinsamen Lebensbedarfs dienen. Geschäftspartner des Ehepaares können folgerichtig davon ausgehen, dass sich beide abgestimmt haben und darum gemeinsam in Kundenpflichten eintreten (LG Darmstadt, 25 S 81/05 – 08/05).

Liebeszauber: »Der Hokuspokus von der Hexe hat nicht geklappt – ich will mein Geld zurück!«

»Komm doch mal wieder mit in die Disco, dann machen wir uns einen schönen Abend«, schlug Lara O. (28) ihrer Freundin Jeanette V. (26) vor. Doch Jeanette lehnte ab. »Ach nee, Lara. Ich hab keine Lust. Geh doch mit den anderen. Ich bleibe zu Hause.« Lara ließ nicht locker: »Du kannst dich doch nicht ewig zu Hause vergraben. Du musst endlich wieder unter Leute und diesen Mistkerl vergessen.«

Jeanette war vor einem halben Jahr von ihrem Freund Torsten T. (30) verlassen worden. Darüber kam sie einfach nicht hinweg. »Ich kann ihn aber nicht vergessen«, sagte sie unter Tränen. »Ich werde nie einen anderen lieben.«

Lara nahm die Freundin in den Arm und versuchte sie zu beruhigen. »Natürlich wirst du wieder einen anderen lieben. Wart's nur ab.« Dann überlegte sie. »Aber wenn du Torsten unbedingt zurückhaben willst, versuch's doch mal mit einem Liebeszauber. Ich hab da in der Zeitung eine Anzeige gesehen.«

Nach ein paar Tagen kam Jeanette darauf zurück. »Hast du die Anzeige von dieser Liebeshexe noch? Ich will das mal probieren.«

Eine Woche später erzählte sie Lara von ihrem Besuch bei der Hexe. »Du, das war ganz schön gruselig. Bei Vollmond hat sie mit mir ein Ritual zelebriert – mit lauter Räucherwerk und Kerzen. Das dauerte geschlagene zwei Stunden und soll mir Torsten innerhalb von vier Wochen zurückbringen.« Jeanette klang sehr hoffungsvoll. »Und was hast du bezahlt?«, fragte Lara. Jeanette druckste erst etwas herum, bevor sie es aussprach: »1000 Euro.«

Lara schlug innerlich die Hände über dem Kopf zusammen und wünschte, sie hätte die Hexe nie empfohlen. Als Torsten nach drei Monaten immer noch nichts von sich hören ließ, kam Jeanette langsam wieder zur Vernunft. »Das ist ja alles Hokuspokus mit diesem Liebeszauber. Es hat überhaupt nicht gewirkt. Und eigentlich will ich diesen Mistkerl gar nicht mehr zurückhaben«, schimpfte sie. »Dann hol dir dein Geld zurück«, schlug Lara vor.

Das versuchte Jeanette dann auch. Doch die Hexe wollte davon nichts wissen. »Ich habe Ihnen nichts garantiert. Wenn Sie sich gegen die Energie des Zaubers wehren, wirkt er auch nicht. Das ist Ihre Schuld.« Doch Jeanette hatte keine Lust mehr zu diskutieren, sondern beauftragte einen Anwalt.

Was sagte das Gericht dazu?

Ganz bodenständig stimmte es Jeanette zu. Ein »Liebeszauber«, mit dem eine zerbrochene Beziehung gekittet werden soll, ist rechtlich gesehen keine Dienstleistung und muss somit auch nicht bezahlt werden. Darum verurteilte das Gericht die selbsternannte »Hexe« dazu, die 1000 Euro zurückzugeben (Landgericht München, 30 S 10495/06).

Nachnahmesendung: »Was soll die Rechnung – ich habe schon bezahlt, sonst hätte man mir die Ware ja nicht gegeben!«

»Guten Tag, ein Paket für Sie«, sagte der Zusteller, als Vincent B. (45) die Türsprechanlage betätigte. »Ich komme«, entgegnete Vincent und ging zur Haustür. Es regnete stark, und der Bote hatte den Karton so weit wie möglich in den Eingang geschoben.

»Sind Sie Herr B.? Dann unterschreiben Sie bitte hier. Ich bekomme dann 850 Euro von Ihnen. Inklusive Nachnahmegebühr«, sagte der Paketbote. »In Ordnung, ich möchte nur erst das Paket in den Flur stellen, damit die Pappe nicht durchweicht«, sagte Vincent, trug die Kiste ins Treppenhaus und kam dann wieder zurück. »Wo soll ich unterschreiben?«, fragte er.

Der Zusteller hielt ihm den Scanner hin. Vincent unterschrieb mit dem Spezialstift auf dem Display. In diesem Moment klingelte das Handy des Paketboten. »Augenblick bitte«, sagte er und nahm den Anruf entgegen. »Ach so, gut. – Tut mir leid, ich muss los, ich habe noch einen Eilauftrag zuzustellen«, sagte er zu Vincent, machte auf dem Absatz kehrt, sprang in seinen Wagen und brauste los. Und ließ einen verdutzten Vincent zurück. Hatte der Bote nicht vergessen zu kassieren? Eine Woche später erhielt er ein Schreiben. »Bitte zahlen Sie umgehend die ausstehende Rechnung für die gelieferte Sendung. Inklusive Nachnahmegebühr. Durch einen Fehler bei der Lieferung ist der Betrag nicht kassiert worden.« Doch Vincent zuckte gelassen die Schultern. »Das kann mir ja keiner beweisen, dass ich nicht gezahlt habe. Schließlich ist mir der PC ja ausgehändigt worden«, sagte er zu einem Freund. »Nachnahmesendungen werden aber erst ausgehändigt, wenn man bezahlt hat. Also: Wenn die Geld wollen, dann sollen sie halt klagen.«

Was sagte das Gericht dazu?

Die erste Instanz entschied für den Kunden. Weil solche Pakete nur gegen Zahlung der Nachnahme ausgehändigt werden, gelte eine einfache Regel: Wer das Paket hat, wird auch dafür bezahlt haben (AG Bielefeld, 41 C 414/03 – 8/03). Vor dem Bundesgerichtshof kam Vincent jedoch mit seiner Ausrede nicht ans Ziel. Denn im Zweifelsfalle ist immer der Käufer verpflichtet nachzuweisen, dass er die Ware schon bezahlt hat. Wird einem Empfänger Versandware übergeben, so muss er eine Quittung als Beweis für die Bezahlung vorlegen. Andernfalls gilt die Ware als nicht bezahlt (BGH VIII ZR 369/04 – 09/05).

Partnervermittlung: »Ich zahle keinen Cent Honorar, denn die vorgeschlagenen Herren waren alle unter meinem Niveau!«

Endlich den Mann fürs Leben zu treffen – das war der größte Wunsch von Vera T. (45). Doch die geschiedene Sekretärin hatte sehr genaue Vorstellungen von ihrem Traumprinzen. Im Büro oder in der Kantine würde sie dem »Richtigen« wohl kaum über den Weg laufen. »Versuch's doch mal bei einer Partnervermittlung«, riet ihre Freundin Kerstin. »Meine Schwester hat auch auf diese Weise einen Kerl gefunden.« Vera rümpfte pikiert die Nase. Sie wollte nicht irgendeinen Kerl – nein, sie suchte einen wahrhaften Seelenverwandten, einen Gefährten mit Esprit, Charme, Niveau und Bildung. Wenn dieser Jemand dann noch etwas Vermögen hätte, wäre das auch kein Schaden. Im Prinzip hatte ihre Freundin aber schon Recht: Versuchen konnte man es ja mal. Also gab sich Vera einen Ruck und vereinbarte einen Termin bei der von Kerstin empfohlenen Agentur. Gemeinsam mit der Beraterin erstellte Vera eine längere Liste von Eigenschaften, die ihr Idealpartner ha-

ben sollte. Die Kandidaten, die ihr daraufhin vorgeschlagen wurden, erfüllten jedoch in keinem Fall ihre Vorgaben. Statt echter Prinzen bekam sie nur etliche Ritter von der traurigen Gestalt zu sehen, und auch ein paar Bettelknaben waren dabei. So ging es ja nun nicht! Enttäuscht beschwerte sich Vera bei der Agentur: »Die Bewerber entsprechen allesamt nicht meinem Wunschprofil, keiner hat auch nur annähernd das gewünschte Niveau. Wenn Sie mir keine passenden Vorschläge machen können, zahle ich Ihre Rechnung nicht!« Die Agentur jedoch sah kein Versäumnis bei sich und verklagte Vera daher auf Zahlung.

Was sagte das Gericht dazu?

Zumindest in juristischer Hinsicht musste sich die Klägerin nicht länger allein fühlen, denn das Gericht stimmte ihrer Argumentation zu. Zwar stellten die Richter klar, dass eine Partnerschaftsagentur einem Klienten keinen Vermittlungserfolg schuldet. Trotzdem musste die Sekretärin die Agenturrechnung nicht begleichen. Denn das Institut hatte sich im Vertrag verpflichtet, ihr Partner mit ähnlichen Interessen zu präsentieren (OLG Koblenz, 5 U 1242/05 – 1/06).

Polstermöbel: »Der Händler hat mir nicht gesagt, dass mein helles Sofa schmutzig werden kann!«

»Habt ihr eine neue Couch? Die sieht ja toll aus.« Daniela M. (39) nickte ihrer Freundin Michele R. (35) anerkennend zu. »Ja, ist die nicht super?«, schwärmte Michele. »Und obwohl sie so hell ist, soll sie ganz unempfindlich sein. Ich habe extra eine Fleckenschutzimprägnierung machen lassen. Setz dich doch.« Das ließ sich Daniela nicht zweimal sagen und nahm sogleich auf dem neuen Sitzmöbel Platz. »Du meinst, auch mit meiner dunklen Jeans gibt es keine Probleme mit dem Bezug?« Michele schüttelte den Kopf. »Nein, der Händler hat mir versichert, dass die Polster sauber bleiben. Außerdem habe ich fünf Jahre Garantie auf diese Fleckimprägnierung.« Doch als Daniela spät am Abend gehen wollte, hatte ihre Hose erste Spuren auf dem hellen Couchpolster hinterlassen. »Tut mir leid. Aber deine Imprägnierung ist wohl doch nicht so toll«, gab sie zaghaft zu bedenken und zeigte auf den dunklen Farbschleier, der sich nun auf dem Sofa zeigte. »So eine Schweinerei«, schimpfte Michele. »Dem Händler werde ich was erzählen. Ich habe 7000 Euro für das blöde Sofa bezahlt, und der Farbschutz hält nicht mal eine Woche. Den Verkäufer werde ich mir vorknöpfen.« Und das tat Michele dann auch. »Nicht mal eine Woche hat die Imprägnierung gehalten. Meine Freundin hat einen Abend mit ihrer Jeans auf dem Sofa gesessen, und schon ist es schmutzig. Ich will mein Geld zurück.« Doch der Händler wollte davon nichts wissen. Er meinte, dass die schlechte Qualität der Jeans daran schuld wäre. Deshalb verklagte Michele ihn auf Rückzahlung des Kaufpreises.

Was sagte das Gericht dazu?

Es traf eine blitzsaubere und für Michele positive Entscheidung. Grundsätzlich muss ein Möbelhändler Kunden darauf aufmerksam machen, wenn helle Polstermöbel sehr empfindlich sind. Insbesondere muss er darüber informieren, dass sich trotz Fleckenschutz-Imprägnierung bereits nach kurzer Zeit erhebliche Verunreinigungen zeigen können – zum Beispiel durch den Abrieb von Jeans. Wird ein solcher Hinweis beim Kauf nicht gegeben, ist der Händler zur Zahlung von Schadenersatz verpflichtet bzw. kann der Käufer die Rücknahme des Möbels und die Erstattung des Kaufpreises fordern (OLG Köln, 6 U 109/04 – 11/04).

Produktinformation:
»Ich habe mich nur verletzt, weil ich exakt die Herstellerangaben befolgt habe!«

Anja G. (49) hatte kiloweise Würstchen und Steaks besorgt, zig Salate fabriziert und den Gartentisch festlich gedeckt. Alle Gäste waren da. Ihr Grillfest konnte steigen. Nun musste sie nur noch den Holzkohlegrill anzünden. Dafür hatte sie sich extra einen flüssigen Grillanzünder besorgt. Was hatte ihr geschiedener Mann früher immer für ein Theater um das Grillfeuer gemacht! Minutenlang pustete er auf der Holzkohle herum, stopfte hier etwas Papier dazwischen und dort einen trockenen Buchenzweig hinein – wegen des angeblich einzigartigen Räuchergeschmacks ... Allein die Erinnerung daran ließ Anja das Gesicht verziehen. Nein, so einen umständlichen und peinlichen Auftritt würde sie ihren Gästen nicht zumuten. Ein paarmal mit dem Grillanzünder auf die Kohle gespritzt, das musste reichen. Ganz so einfach war es dann aber doch nicht.

Zwar glimmte die Holzkohle relativ schnell, aber Anja kam das Feuerchen trotzdem noch zu mickerig vor. »Viel hilft viel«, dachte sie. Und da auf der Flasche ausdrücklich stand, dass »Nachsprühen ungefährlich« sei, spritzte sie eine zweite Dosis auf die heiße Kohle. Dabei explodierte unglücklicherweise die Flasche in ihrer Hand, so dass sich Anja erhebliche Verbrennungen zuzog.

Noch vom Krankenbett aus verklagte sie die Vertriebsfirma des Grillanzünders. »Die Vertriebsfirma will sich clever rausreden«, klärte sie der Anwalt auf. »Sie lehnt unsere Forderungen ab, weil sie den Anzünder gar nicht hergestellt hat, sondern nur vertreibt!« – »Ich will trotzdem klagen. Denn ich habe nichts Unsachgemäßes getan«, beharrte Anja. »Auf der Flasche stand ausdrücklich, dass Nachsprühen ungefährlich ist. Als Kunde muss ich mich doch wohl auf solche Angaben verlassen können! Ich bin nur verletzt worden, weil ich ausdrücklich die Anweisungen befolgt habe!«

Was sagte das Gericht dazu?

Es gab der Klägerin recht! Denn tatsächlich muss sich ein Kunde auf Herstellerangaben verlassen können. Dafür heizten die Richter der Vertriebsfirma des Anzünderherstellers tüchtig ein. Sie musste Schadenersatz und Schmerzensgeld zahlen. Dabei spielte es keine Rolle, ob sie der Hersteller war oder das

Produkt nur in dessen Namen vertrieben hatte (Bundesgerichtshof, VI ZR 238/03 – 6/05).

R-Gespräch: »Mein Kind hat telefoniert – dafür zahle ich nicht!«

Joachim St. (45) war das schwarze Schaf der Familie. Ohne Berufsausbildung schlug er sich durchs Leben und hielt sich mit Aushilfsjobs über Wasser. Bis er sich vor ein paar Jahren in den australischen Busch verabschiedete. »Ihr werdet sehen, bald gehört mir eine riesige Schaffarm!«, prahlte er beim Abschied gegenüber seiner Schwester Mirja (40). In der kommenden Zeit hörte sie allerdings immer nur dann von ihm, wenn er sie mal wieder (vergeblich) anzupumpen versuchte. Nun herrschte seit fast einem Jahr Funkstille zwischen Bruder und Schwester.

Umso erstaunter war Mirja, als sie eines Nachmittags von ihrer Tochter erfuhr: »Mama, stell dir vor: Onkel Jo hat angerufen und mir ganz ausführlich von Australien erzählt!«

»Wie lange habt ihr denn telefoniert?«, fragte sie das Mädchen. »Bestimmt über zwei Stunden«, antwortete die Kleine aufgeregt. »Der ist wohl unter die Millionäre gegangen«, dachte Mirja. »Wovon will er sonst den Anruf bezahlt haben?« Diese Frage klärte sich mit der nächsten Telefonrechnung. Dort wurde Mirja für den fraglichen Tag ein teures R-Gespräch in Rechnung gestellt. Sie war stinksauer. Natürlich auf ihren Bruder, der die Arglosigkeit seiner kleinen Nichte ausgenutzt hatte und so seine Schwester für ein kostspieliges Telefonat bezahlen lassen wollte. Aber auch auf die Telefongesellschaft, die diese Kosten kommentarlos an sie weiterreichte. »Versuchen Sie es vor Gericht«, riet man ihr daraufhin bei der Verbraucherzentrale. »Schließlich haben Sie diesem R-Gespräch ja gar nicht zugestimmt.«

Was sagte das Gericht dazu?

Dass sie das Gericht angerufen hatte, zahlte sich für die Klägerin voll aus. Zwar ist es im Normalfall so, dass bei sogenannten R-Gesprächen nicht der Anrufer zahlt, sondern der Angerufene die Kosten trägt. Aber in diesem Fall entschieden die Richter: Nimmt ein Dritter das Telefonat entgegen, z.B. ein Kind der Familie, muss der Anschlussinhaber nicht für die Kosten haften. Es besteht auch nicht die Notwendigkeit, die Annahme solcher R-Gespräche durch technische Vorkehrungen zu verhindern (Bundesgerichtshof, III ZR 152/05 – 3/06).

Unterschrift: »Der Vertrag ist gar nicht gültig – mein Namenszug ist nämlich unleserlich!«

Yvonne G. (28) hatte als Teenager Autogramme von Stars gesammelt. Wenn sie ehrlich war, konnte sie damals kaum eine Unterschrift entziffern. Ihre Idole hatten alle eine fürchterliche Klaue. Aber je krakeliger ein Autogramm aussah, desto cooler fand sie das Ganze. Stundenlang übte sie, ihren eigenen Namen auch so geheimnisvoll unlesbar hinzukriegen. Und als sie älter wurde, gewöhnte sie sich an, stets in dieser Form zu unterschreiben. Es unterstrich ihre außergewöhnliche Persönlichkeit, fand sie. Obwohl Yvonne also professionell signieren konnte wie ein Star, war ihr Leben ansonsten wenig glamourös. Im Gegenteil, sie litt an chronischer Geldknappheit. Gerade hatte sie sich mal wieder mit einer Investition übernommen. Sie hatte spontan eine Möbelgarnitur zur Lieferung innerhalb der nächsten Woche bestellt, die ihr nun auf einmal total spießig erschien. Eigentlich passte der Kram überhaupt nicht in ihr Wohnzimmer. Genervt schaute sie auf den Kaufvertrag und überlegte, wie sie das Ganze stornieren könnte. Dabei fiel ihr Blick auch auf ihre kritzelige Unterschrift. »Diese

Sauklaue kann kein Mensch lesen«, dachte sie. Moment mal – das war doch *die* Lösung! Eine Unterschrift, die man nicht erkennen konnte – war die überhaupt rechtskräftig? Bestimmt nicht, das Geschmiere hätte ebenso gut von Donald Duck stammen können. Genauso argumentierte Yvonne am nächsten Tag auch gegenüber dem Möbelhaus, um aus dem lästigen Kaufvertrag herauszukommen. Der Geschäftsführer ließ sich aber nicht davon irritieren. Er pochte auf Erfüllung des Vertrages, Abnahme der Möbel und Bezahlung – für ihn sei die Unterschrift gültig. »Sie hören von meinem Anwalt«, meinte Yvonne daraufhin und rauschte hocherhobenen Hauptes aus dem Geschäft.

Was sagte das Gericht dazu?

Gleich zwei Gerichte befanden: Wer unterschreibt, der bleibt – Käufer. Das OLG Frankfurt/M. entschied, dass es für die Gültigkeit einer Unterschrift ausreichend ist, wenn eine Folge von drei Buchstaben zu erkennen sei. Vorausgesetzt, jemand, der Namen und Unterschrift des Signierenden kenne, könne dessen Namen aus dem Gekritzel herauslesen (17 U 166/04 – 12/04). Das OLG Köln ging sogar noch weiter. Es befand: Auch unleserliche Unterschriften gelten. Es genügt eine Art Wellenlinie, wobei der erste Buchstabe als Anfangsbuchstabe des Nachnamens des Unterzeichners und der Rest als Fortführung des Namens zu erkennen sein muss (22 U 34/05 – 6/05).

Wahrsagen: »Für das Kartenlegen bezahle ich nichts, denn das ist wertloser Hokuspokus!«

»Ich sehe eine schwere Krankheit, entweder bei Ihnen oder in Ihrer Familie. Die wird innerhalb des nächsten Jahres zum Ausbruch kommen. Außerdem kriselt es in Ihrer Partnerschaft«, raunte die Wahrsagerin Tamara besorgt. »Mit Ihrer inneren Stärke und der richtigen Führung werden Sie aber auch diese Krisen überwinden.« – »Das reicht, ich habe genug gehört, das ist doch alles Blödsinn«, sagte Jochen D. (43) energisch und stand auf. Als er sich zum Ausgang wandte, sprang die Wahrsagerin auf: »Halt, so einfach geht das nicht, Sie haben noch nicht für die Sitzung bezahlt. Ich bekomme noch 80 Euro.«

Jochen hatte schon den Vorhang vor der Tür zur Seite geschoben. »Sie wollen auch noch Geld für den Unsinn? Ich bezahle für diesen Mist, den Sie mir erzählt haben, keinen Cent.« Sprach's und verschwand durch die Tür.

Einen Monat später wunderte sich Jochen über Post vom Gericht. Eine Vorladung. Jochen war von der Wahrsagerin verklagt worden, weil er sie um ihre »Beratungsgebühr« geprellt hatte. Denn leider hatte Jochen bei der Terminvereinbarung Name und Telefonnummer angegeben.

Was sagte das Gericht dazu?

Kläger wie Jochen D. haben schlechte Karten. Zwar schloss sich das Amtsgericht zunächst dem Argument des Klienten an, Wahrsagerei habe keinen Wert und müsse darum nicht bezahlt werden. Doch das Landgericht Ingolstadt verurteilte den Kunden zur Zahlung. Denn, so die Richter, die Wahrsagerin biete zumindest eine Dienstleistung auf dem Niveau von Kirmesunterhaltung – und auch die habe ihren Wert (2 Qs 69/05 – 6/06). Fragt sich nur, ob die Wahrsagerin nicht ihren Beruf verfehlt hat. Denn eigentlich hätte sie ja vorher »sehen« müssen, dass es mit diesem Kunden später Streit um die Bezahlung geben würde …

5.

Ausreden für alle Lebenslagen

In der Familie sind Streitigkeiten an der Tagesordnung. Jede zweite Ehe landet schließlich vor dem Scheidungsrichter. Doch nicht immer sind Untreue oder fehlende Liebe die Gründe für das Ende einer Beziehung. Mancher findet gar seltsame Argumente, um sich vom Partner zu trennen. Zum Beispiel dieser Ehemann: »Die Ehe muss wegen körperlicher Grausamkeit annulliert werden, das Essen meiner Frau ist ungenießbar!« Ob dem Mann geholfen werden konnte, ist unbekannt – ehe es zum Prozess kam, hatte man sich wohl gütlich geeinigt. Vielleicht mit Restaurantgutscheinen oder einem Kochkurs?

Auch manche kindischen Albernheiten werden von Eheleuten als Trennungsgrund angeführt. Ein Beispiel, über das vor kurzem auf einem Juristentag herzlich gelacht wurde: »Ich beantrage Scheidung wg. Heimtücke: Mein Mann schneidet mir die schrecklichsten Fratzen, wenn ich meine Brille putze!« Da konnte der Anwalt seiner Mandantin immerhin ausreden, diese Aussage aktenkundig werden zu lassen.

Wenn es um den Unterhalt geht, legen vorzugsweise Männer besonderen Erfindungsreichtum an den Tag. Kaum eine Ausrede ist ihnen zu banal, um sich vor einer Unterhaltszahlung für ein gemeinsames Kind zu drücken. Kommt Ihnen die Geschichte vom »Samenraub« nicht auch bekannt vor? »Ich zahle keine Alimente. Meine Frau sagte mir, sie nimmt die Pille – und dann hat sie hinterhältig mein Sperma gestohlen!« Unerhört.

Wer mit seiner Ausrede nicht durchkommt, denkt sich flugs

eine neue aus. Und macht eben andere Menschen für das eigene Unglück verantwortlich. Gern wird auch dem Anwalt die Schuld an der Misere zugeschoben. Wie bei diesem Mandanten: »Ich zahle kein Honorar, weil mein Anwalt beim Prozess kein Wort sagte, sondern dem Richter nur stumm irgendwelche Papiere reichte.« Dabei sollte man wissen, dass Prozesse in Deutschland fast immer eher langweilig ablaufen – anders als in den TV-Shows im Fernsehen, wo geschrien und geprügelt wird wie in keinem echten Gerichtssaal. So ruhig wird es auch in den meisten der folgenden Beispiele vor Gericht abgelaufen sein – auch wenn manche der Ausreden wirklich zum Schreien sind.

Anwaltshonorar: »Der Fall war so einfach und klar, da durfte ich die Rechnungssumme kürzen!«

Bernd V. (29) hielt sich für den besten Autofahrer der Welt. Denn er fuhr »zügig« und »souverän«, alle anderen dagegen »wie lahme Gäule« und »grottenschlecht«. Diese Sicht der Dinge brachte es mit sich, dass er des Öfteren in kleinere Unfälle verwickelt wurde. Um sich nicht selbst mit dem lästigen Kleinkram abgeben zu müssen, war er dazu übergegangen, einen Anwalt mit der Klärung zu betrauen. Kürzlich hatte der Advokat erneut einen Fall für ihn abgewickelt. Keine große Sache, sondern reine Routine. Umso mehr stutzte Bernd, als er die aktuelle Honorarabrechnung in Händen hielt. Diesmal sollte er glatt 100 Euro mehr bezahlen als beim letzten Mal. »Dem Rechtsverdreher habe ich gleich gezeigt, wo der Hammer hängt«, prahlte er gegenüber seiner Lebensgefährtin. »Ich habe ihm seine blöde Rechnung fast um die Hälfte gekürzt!« – »Und was ist dann passiert?«, fragte die Freundin mit großen Augen. »Natürlich hat mir der Typ deswegen die Ohren vollgeheult«, erwiderte Bernd hämisch. »Also habe ich ihm erst mal erklärt, wie er zu arbeiten hat. Die letzten beiden Unfälle waren von der Sachlage her nämlich fast identisch und zudem total simpel. Obwohl er also seinen Grips nur einmal anstrengen musste, hat er zweimal kassiert. Das lasse ich gerade noch durchgehen. Aber nicht, dass die letzte Rechnung doppelt so hoch ausgefallen ist!« Die Lebensgefährtin war von Bernds entschlossener Haltung beeindruckt, der Anwalt weniger. Er verklagte Bernd auf Zahlung des vollen Rechnungsbetrags.

Was sagte das Gericht dazu?

Es machte kurzen Prozess mit Bernds eigenwilliger Begründung. Wie viel ein Anwalt auf die Rechnung setzen darf, ist nämlich gesetzlich geregelt. In diesem Fall hatte sich zwischenzeitlich das Honorargesetz für Anwälte geändert. Dadurch war die Erhöhung des Rechnungsbetrages zustande gekommen. Und ob eine Rechtssache einfach ist oder nicht – das Honorar habe sich immer an den aktuell geltenden Gebührenregeln und dem Streitwert zu orientieren, befanden die Richter (Amtsgericht Landstuhl, AZ: 4 C 189/04 – 11/04).

Erbausschlagung: »Ich wusste ja nicht, dass es was zu holen gibt – jetzt will ich doch noch meinen Anteil!«

Onkel Otto war gestorben. Cleo und Birger T. (25/32) gaben sich aber – was eine mögliche Erbschaft anging – keinen Illusionen hin. Der Reichtum würde bei ihnen nicht ausbrechen. »Dein Onkel war immer ein Hungerleider«, meinte Birger zu seiner Frau, »da ist garantiert nichts zu holen.« – »Im Gegenteil, ich fürchte, wir würden nichts als Schulden erben«, erwiderte Cleo. Daher entschloss sich das Paar, die Erbschaft auszuschlagen. Einige Zeit später stellte sich allerdings heraus, dass der Nachlass schuldenfrei war. Onkel Otto hatte sich offenbar vor seinem Tod sanieren können, und für das junge Ehepaar wäre ein angenehmes Sümmchen herausgesprungen – wenn es die Erbschaft nicht ausgeschlagen hätte. Während Birger die Sache als verloren ansah, wollte Cleo sich nicht so ohne weiteres geschlagen geben. »Da wir die korrekte Höhe des Nachlasses gar nicht kannten, müsste man die Erbausschlagung eigentlich rückgängig machen können«, versuchte sie ihren Mann zu trösten. »Weißt du was, ich rufe morgen mal unseren Anwalt an, dagegen gehen wir gerichtlich vor!«

Was sagte das Gericht dazu?

Die Richter kannten kein Pardon. Sie kamen zu folgendem Schluss: Wer einen vermeintlich überschuldeten Nachlass ohne Prüfung oder Erklärung ausschlägt, ist daran gebunden. Er kann die Entscheidung nicht einfach mit der Behauptung anfechten, er hätte sich bei dem Nachlasswert geirrt, wenn sich das Erbe später als schuldenfrei herausstellt (OLG Düsseldorf, I-3 Wx 193/04).

Fristablauf:
»Ich war krank – und dann kann ich nicht jeden Tag in den Briefkasten schauen!«

Als Holger M. (41) von seiner Frau Carina (38) verlassen wurde, brach für ihn eine Welt zusammen. Er war bei seinen gelegentlichen Seitensprüngen doch immer so diskret gewesen, ein Mann brauchte das nun einmal. Wegen dieser Lappalien warf man doch keine gute Ehe weg! Seine Frau sah das indes grundlegend anders, sie beantragte die Scheidung.

In den darauffolgenden Wochen erhielt Holger mehrere

Schreiben vom Anwalt seiner Frau. Er verdrängte diese, so gut er konnte. Immerhin war es möglich, dass Carina sich wieder beruhigte und ihren Scheidungsantrag zurückzog.

Bald musste Holger jedoch einsehen, dass diese Hoffnung sich nicht erfüllte. Das deprimierte ihn so sehr, dass er sich krankschreiben ließ. Wochenlang verkroch er sich in seiner Wohnung. Auf die Türklingel reagierte er nicht, und selbst der Weg zu den häuslichen Mülleimern und Briefkästen erschien ihm unüberwindlich. So geschah es, dass er eine vom Gericht festgesetzte Frist bezüglich der Unterhaltsforderung seiner Frau verstreichen ließ. Das bemerkte er allerdings erst, als es ihm wieder besser ging und er seinen inzwischen überquellenden Hausbriefkasten geleert hatte. Zwischen all der Post befand sich nämlich auch eine Benachrichtigungskarte vom Briefträger.

Auf der Post händigte man ihm dafür dann endlich das amtliche Schriftstück aus. Mittlerweile war es natürlich viel zu spät, um darauf zu reagieren. Aber da nun schon die Scheidung nicht mehr zu verhindern war, wollte Holger wenigstens die durch die abgelaufene Frist entstandenen Nachteile nicht kampflos hinnehmen. Also beschwerte er sich bei Gericht und verlangte eine Fristverlängerung. Als Begründung gab er an, dass er lange krank gewesen sei und daher nicht imstande war, sich um seine Post zu kümmern.

Was sagte das Gericht dazu?

Es zeigte kein Verständnis und wies die Klage ab. Begründung: Jeder muss, egal ob bei Krankheit oder im Urlaub, dafür Sorge tragen, dass neu eingetroffene Post oder eine Benachrichtigung beachtet wird (OLG Saarbrücken 6 WF 58/99-11/99). Holger hatte sich die verpasste Frist selbst zuzuschreiben und musste die Folgen hinnehmen. Eine Fristverlängerung gab es nicht.

Garderobenklau: »Der Wirt muss mir den gestohlenen Mantel ersetzen, denn die Kellnerin wollte ihn in Sicherheit bringen!«

Barbara T. (35) war eine vermögende Unternehmerin. Sie traf sich mit ihren Kunden gern in einer schicken Brasserie, um über Geschäftliches zu verhandeln. An diesem Tag stand ein Meeting mit einem ganz wichtigen Kunden an. Darum hatte sich Barbara besonders in Schale geworfen und trug ihren Nerzmantel. Man sollte ruhig sehen, dass sie den Erfolg gepachtet hatte, das war gut fürs Business.

In der Brasserie kannte man sie natürlich. Daher kam sofort eine Bedienung auf sie zu und begrüßte sie überschwänglich. Die Angestellte half ihr beflissen aus dem Mantel, nahm das gute Stück entgegen und sagte, dass sie es »in Sicherheit« bringen werde.

Nach dem Geschäftsessen bat Barbara um die Rechnung – und um ihren Pelz. Doch als sie an der Garderobe im Hinterzimmer ungewöhnlichen Aufruhr bemerkte, wurde sie unruhig. Zwei Minuten später eilte der Inhaber an ihren Tisch und entschuldigte sich vielmals. Der Pelz sei momentan nicht auffindbar, sie möge bitte noch etwas Geduld haben.

Doch als der Mantel auch nach zehn Minuten immer noch nicht aufgetaucht war, wussten alle Beteiligten, dass er gestohlen worden sein musste. Barbara schnaubte vor Zorn. »Das nennen Sie also ›in Sicherheit bringen‹?«, schimpfte sie. Der Wirt zuckte bedauernd die Schultern und entgegnete: »Ich weiß nicht, wovon Sie sprechen, Madame. Der Mantel wurde an unsere Garderobe gehängt. Und wie Ihnen bekannt sein dürfte, haften wir für Verluste von dort befindlichen Kleidungsstücken grundsätzlich nicht.« So ging es eine ganze Weile hin und her, bis Barbara aufgebracht die Brasserie verließ. Sofort setzte sie sich mit ihrem Anwalt in Verbindung. Denn sie hatte nicht vor, sich diese Nachlässigkeit gefallen zu lassen. Nicht nur, dass dieses Etablissement sie niemals wiedersehen würde, nein, sie würde den Wirt zudem auf einen saftigen Schadenersatz verklagen. Schließlich hatte man ihr ausdrücklich zugesichert, den wertvollen Mantel »in Sicherheit« zu bringen!

Was sagte das Gericht dazu?

Die erfolgsverwöhnte Klägerin trug auch hier einen Sieg davon. Denn die Richter schlossen sich ihrer Auffassung an. Der Inhaber wurde dazu verurteilt, den Mantel zu ersetzen. Denn durch die Bemerkung, das Kleidungsstück werde »in Sicherheit« gebracht, sei ein Verwahrungsvertrag zwischen Restaurantbesucher und Wirt zustande gekommen. In diesem Fall dürfe sich der Gast auf die Worte der Kellnerin verlassen, und der Wirt hafte bei Verlust (AG Dortmund, 126 C 478/04 – 8/04).

Hautausschlag: »Ich verlange Schadenersatz vom Katzenzüchter, weil ich vom Tier Hautausschlag bekommen habe!«

»Wie süüüß!«, flötete Monika H. (34) und streichelte entzückt ihren neuerworbenen Perserkater. »Miez, Miez, Miez ...« Sie hatte sich sofort in das hübsche Tier verliebt, als sie es auf der Katzenausstellung erblickte. Mit dem Hobbyzüchter wurde sie schnell handelseinig und nahm den Stubentiger anschließend gleich mit nach Hause. Ihre anfängliche Begeisterung über den neuen Wohnungsgenossen legte sich allerdings, als sie kurz darauf einen hässlichen, juckenden und entzündlichen Ausschlag am ganzen Körper bekam. Ihr Hautarzt diagnostizierte einen häufig durch Katzen übertragenen Pilzbefall. Das war ja die Höhe! Und zudem total eklig. Was für eine räudige Bazillenschleuder hatte man ihr da angedreht? Zugegeben, sie hatte ihren Kater inzwischen liebgewonnen und wollte ihn trotz des ganzen Ärgers nicht mehr hergeben. Aber garantiert hatte der Züchter genau gewusst, dass das Tier krank war, und ihr bewusst nichts davon gesagt. »So geht es nicht!«, meinte Monika daher zu ihrem Rechtsbeistand. »Meiner Ansicht nach liegt hier ein eindeutiger Mangel vor. Ich verlange zunächst mal eine deutliche Kaufpreisminderung und darüber hinaus natürlich noch saftigen Schadenersatz für meine Hauterkrankung!«

Was sagte das Gericht dazu?

Auch wenn die Klägerin sich tierisch aufregte: Mit ihrer Begründung kam sie bei den Richtern nicht durch und ging leer aus. Die Juristen befanden, dass kein kaufrechtlicher Mangel vorgelegen habe. Denn mit weitverbreiteten Krankheiten und Infektionen müsse bei Tieren gerechnet werden (AG Zittau, 5 C 389/04 – 3/05). Und wer darauf empfindlich reagiert, muss dies als persönliches Pech hinnehmen.

Hörschaden:
»Das Rockkonzert war viel zu laut – ich will mein Geld zurück und Schadenersatz!«

Sommer, Sonne, Open Air – schöner geht es nicht, dachte Jana L. (24) und kaufte sich ein Ticket für das Konzert ihrer Lieblings-Rockband. Rechtzeitig am Nachmittag war sie vor Ort und bekam daher einen Platz ziemlich weit vorne an der Bühne. Während der Soundchecks war noch alles in Ordnung. Doch schon als die Vorgruppe richtig loslegte, merkte Jana, dass dieser Stehplatz nicht unbedingt eine glückliche Wahl gewesen war. Sie stand nämlich so dicht an den meterhohen Lautsprecherboxen, dass besonders die Bässe ihr durch Leib und Magen wummerten. Als das Konzert zu Ende war und Jana ein ruhiges Plätzchen zum Atemholen fand, merkte sie, dass sie auf dem linken Ohr alles nur noch dumpf hörte. Bald darauf stellte sich ein unangenehmes Druckgefühl ein, begleitet von einem Pfeifen im Ohr. Am nächsten Morgen suchte sie ihren Arzt auf, der eine leichte Innenohrschädigung mit Tinnitus diagnostizierte. Jana war entsetzt, weil sie vier Wochen krankgeschrieben werden musste. Empört wandte sie sich an einen befreundeten Anwalt. »Es kann doch nicht angehen, dass man durch ein Konzert fast taub wird«, beschwerte sie sich. »Das ist ja gemeingefährlich. Außerdem hat der Veranstalter vor derartigen Schädigungen nicht gewarnt, darum will ich meinen Eintritt zurück und obendrein noch Schmerzensgeld!«

Was sagte das Gericht dazu?

Es schloss sich der Argumentation der Klägerin an und fällte ein Urteil, dass dem Veranstalter Hören und Sehen verging. Er musste der geschädigten Konzertbesucherin ein Schmerzensgeld zahlen. Denn: Während eines Konzertes hat er die Pflicht, alles dafür zu tun, um die Gesundheit der Besucher zu schützen (LG Nürnberg-Fürth, 6 O 4537/03 – 5/05). Notfalls muss er die Lautstärke reduzieren oder Absperrungen vor die Boxen setzen, damit die Besucher einen Sicherheitsabstand einhalten.

Hundebiss: »Wieso soll ich Schmerzensgeld zahlen – jeder weiß doch, dass mein Tier gern zuschnappt!«

»Undank ist der Welten Lohn«, sinnierte Carola E. (37) verbittert. Von der eigenen Schwester auf Schmerzensgeld verklagt zu werden und dann auch noch im fünfstelligen Bereich! Dabei hatte sie es doch nur gut gemeint ... Carola verdiente ihr Geld als Tagesmutter. Unter anderem passte sie auch regelmäßig auf die beiden Töchter ihrer Schwester auf. Neulich war ihr dabei ein Missgeschick unterlaufen. Während sie in der Küche das Mittagessen vorbereitete, hörte sie plötzlich ihre eineinhalb-

jährige Nichte im Wohnzimmer laut schreien. Sie lief hinüber und sah, dass ihr Hund Benno das Mädchen ins Gesicht gebissen hatte. Die Wunde blutete heftig, und Carola rief sofort den Notarzt. In der Klinik musste das Kind operiert, die Wunde genäht werden. Narben würden wohl bleiben. Aber war das ein Grund, gleich 18.000 Euro Schmerzensgeld von ihr zu verlangen? Woher sollte sie so viel Geld nehmen? »Meine Schwester weiß genau, dass ich jeden Cent dreimal umdrehen muss«, klagte sie dem Anwalt ihr Leid. »Und außerdem ist ihr bekannt, dass mein Benno manchmal nervös auf Kinder reagiert und zuschnappt. Vor zwei Jahren gab es da schon einmal einen etwas unerfreulichen Zwischenfall ...

Trotzdem hat sie mich als Tagesmutter engagiert. Überhaupt bin ich sicher, dass meine Nichte den Hund provoziert hat. Das alles müsste vor Gericht doch zu meinen Gunsten sprechen, oder?«

Was sagte das Gericht dazu?

Mit dieser Ausrede kommt man nicht durch! Die nachlässige Tagesmutter wurde von den Richtern dazu verdonnert, Schmerzensgeld zu zahlen. Denn sie sei für das unberechenbare Verhalten des Tieres verantwortlich und hätte eindeutig besser aufpassen müssen (Landgericht Essen, 12 O 307/03 – 3/05).

Karnevalskostüm: »Die Beamten waren nur neidisch – deshalb soll ich für meine Polizei-Verkleidung bestraft werden!«

Burkhard D. (37) hatte glänzende Laune. Grinsend betrachtete er sich im Spiegel. Sein Karnevalskostüm sah wirklich originell aus: Motorradhelm, dazu ein grüner Pulli mit weißem »Polizei«-Aufdruck. Dabei handelte es sich sogar um ein ausgedientes Original, das er sich von seinem Bruder geliehen hatte. Dazu trug er schrillrosa Boxershorts und Cowboystiefel mit Beschlägen. Hier passte wirklich nichts zusammen, aber das machte ja gerade den Reiz aus. Seine Freunde würden ausflippen vor Begeisterung. Mit seiner Clique zog Burkhard im Verlauf des Abends durch die halbe Stadt und erntete überall lustige und anerkennende Kommentare zu seinem schrillen Look. Und auch der Erfolg bei den Damen blieb nicht aus – gleich zwei junge Frauen hatten sich bei ihm eingehängt, und es wurde geflirtet, was das Zeug hielt. Als sie an zwei Ordnungshütern vorbeikamen, wurde Burkhard vom Hafer gestochen. »Tja, um so tolle Erfolge bei Frauen zu landen, sollten

Sie die Uniformhosen vielleicht auch mal gegen Boxershorts tauschen«, rief er den beiden zu. Doch die zeigten wenig Humor. Mit ernster Miene und erhobener Hand stoppten sie die fröhlichen Karnevalisten. »Was fällt Ihnen eigentlich ein, einen Polizei-Pullover zu tragen«, bekam Burkhard zu hören. »Sie dürfen diese Uniform gar nicht tragen, das ist Amtsanmaßung und wird ein Nachspiel für Sie haben!« Burkhard war leicht alkoholisiert und völlig verdattert, darum fiel ihm nichts zu seiner Verteidigung ein. Kleinlaut gab er seine Personalien an. Einige Zeit darauf wurde er tatsächlich wegen Amtsanmaßung verklagt. Inzwischen hatte er allerdings Zeit genug gehabt, sich eine Verteidigungsstrategie zurechtzulegen. »Mein Kostüm war ein harmloser Faschingsscherz«, erklärte er seinem Anwalt. »Ich hatte mich so übertrieben verkleidet, dass mich kein vernünftiger Mensch für einen echten Polizisten halten konnte! Und überhaupt waren die Beamten doch nur neidisch auf meinen Erfolg bei den Frauen!«

Was sagte das Gericht dazu?

Manche Vorwürfe sind tatsächlich dümmer, als die Polizei erlaubt. Das fand auch das Gericht, ließ die Ausrede des Angeklagten gelten und sprach ihn frei. Begründung: Das Tragen von Kleidung mit dem Aufdruck »Polizei« ist keine strafbare Amtsanmaßung, wenn das gesamte Erscheinungsbild eine Verwechslung mit echten Polizisten ausschließt (OLG Zweibrücken, 1 Ss 161/02 – 5/03).

Restaurant-Geklecker: »Was kann ich denn dafür, wenn der Wirt alles hell gepolstert hat!«

An ihrem zehnten Hochzeitstag wollten Judith und Thomas B. (beide 42) sich etwas gönnen. Sie reservierten einen Tisch beim teuersten Nobelitaliener der Stadt. Zum Menü orderte

Thomas den edelsten Tropfen, einen toskanischen Rotwein, dunkel und schwer. Im Verlauf des Essens wurden die beiden immer ausgelassener, und es dauerte nicht lange, bis der euphorisch gestimmte Ehemann die zweite Flasche Wein bestellte. Selbstverständlich achtete das Personal darauf, ab und zu diskret nachzuschenken. Aber das Paar verspürte einen derartigen Durst, dass Thomas die Sache schließlich selbst in die Hand nahm. Nun stand es aber zu dieser fortgeschrittenen Stunde mit seiner Feinmotorik nicht mehr zum Besten. Daher rutschte ihm die Flasche aus der Hand, und der rote Rebensaft verteilte sich über den Tisch und die hellen Sitzpolster, ja spritzte sogar bis an die Wand. Es sah aus, als habe die örtliche Mafia gerade eine ihrer kleinen Meinungsverschiedenheiten an diesem Tisch ausgetragen. Nun war es auch mit der Diskretion des Personals vorbei. Wie aufgescheuchte Hühner wirbelten drei Kellner um das erschrockene Ehepaar herum. Und da nahte auch schon der Inhaber. »Madonna mia, Madonna mia«, jammerte er und rang verzweifelt die Hände. »Wisse Sie, was Sie getan abbe?«, fragte er mit dramatisch zitternder Stimme und gestikulierte dabei wild vor Thomas' Nase herum. »Diese Polsterstoff vonne meine Stühle ware eine Unikat, isse nicht mehr lieferbar, *che catàstrofe*! Jetzt is mein Mobel für immer ruiniert ...«

So ging das Gezeter noch eine Weile in einem Mischmasch aus Deutsch und Italienisch weiter. Nur so viel wurde klar: Der Wirt wollte seine kleckernden Gäste tatsächlich auf Schadenersatz verklagen. Doch glücklicherweise hatte zumindest Judith mittlerweile ihre Fassung wiedergewonnen. Lässig nahm sie die umgekippte Rotweinflasche vom Tisch, setzte sie an die Lippen und leerte sie in einem Zug. Dann wischte sie sich mit dem Handrücken über den Mund und entgegnete dem Wirt ruhig, aber bestimmt: »Verklagen Sie uns nur, Sie werden den Kürzeren ziehen. Schließlich ist es nicht unser Problem, wenn Sie Ihre Stühle mit empfindlichem Schickimicki-Stoff beziehen. Wir sehen uns vor Gericht!«

Was sagte das Gericht dazu?

Es vergoss, wenn überhaupt, Tränen vor Lachen! Allerdings nicht über die beiden Gäste, sondern über die Forderung des Wirtes. Die Sichtweise des Ehepaares wurde von den Richtern hundertprozentig akzeptiert. Denn nach einer stillschweigenden Vereinbarung haften Gäste nicht für Schäden, die beim Essen oder Trinken entstehen, solange sie diese nicht vorsätzlich oder grob fahrlässig verursachen (LG Augsburg, 23 C 149/03 – 3/06). Und dass eine Flasche aus der Hand rutschen kann, ist vorstellbar.

Schwimmbad: »Ich will Schmerzensgeld, weil der Bademeister herumgeflirtet statt aufgepasst hat!«

»Es ist ein Skandal, was vorhin im Freibad passiert ist«, schnaubte Ilona K. (28) wütend. »Mein Sohn Simon ist nur knapp dem Tode entronnen, weil ein Bademeister seine Aufsichtspflicht verletzt hat!« Ilona war Mutter mit Leib und Seele. Entsprechend aufgebracht berichtete sie ihrer besten Freundin Lea von der Beinah-Katastrophe. Offenbar hatte der kleine Simon im Kinderbecken einen Schwächeanfall erlitten und wäre fast ertrunken. Niemand hatte etwas bemerkt. Denn der Bademeister stand zwar am Beckenrand, hatte aber mit ein paar knapp bekleideten Badenixen geflirtet. Bis er endlich aufmerksam wurde, das Kind aus dem Wasser holte und am Beckenrand wiederbelebte, verging wertvolle Zeit. »Den Laden verklage ich auf Schmerzensgeld und Schadenersatz!«, redete sich Ilona weiter in Rage. »Mein Kind ertrinkt fast in einem öffentlichen Schwimmbad, und niemanden kümmert es!« Lea kannte ihre Freundin nur zu gut. In dieser Stimmung war mit ihr nicht gut Kirschen essen. Darum widersprach sie nicht. Aber etwas übertrieben fand sie ihre Reaktion schon, denn erstens war Simon nichts passiert, und zweitens: Wo war denn Ilona selbst gewesen, als der Unfall passierte? Warum hatte sie als Mutter nicht besser aufgepasst? Mit entsprechender Neugier verfolgte Lea daher den späteren Prozess. Ilona hatte nämlich ihre Drohung wahr gemacht und den Schwimmbadbetreiber verklagt.

Was sagte das Gericht dazu?

Mit ihrer gewagten Behauptung ging die Klägerin baden. Das Gericht entließ sie nicht aus der Verantwortung und erklärte, dass Eltern ihre Kleinkinder im Freibad nie unbeaufsichtigt ins Schwimmbecken lassen sollten. Bademeister könnten nämlich keine lückenlose Aufsicht gewährleisten und sind auch nicht dazu verpflichtet (Oberlandesgericht Frankfurt/M., 1 U 7/04 – 8/06).

Sonnenstudio: »Für meinen Sonnenbrand will ich Schmerzensgeld!«

Holger T. (23) freute sich auf seinen Urlaub: 14 Tage Sonne, Strand und Meer an der Costa Blanca! Er war ein bisschen eitel, und weil er nicht wie ein bleicher Engerling nach Spanien reisen wollte, plante er, sich im Sonnenstudio die nötige Vorbräune zu holen. Bei seinem ersten Besuch im Studio gab er offen zu, von der Materie wenig Ahnung zu haben, und bat um eine ausführliche Beratung. Dementsprechend wählte die hilfsbereite Angestellte schließlich Gerät und Bräunungszeit für ihn aus. »Wie siehst du denn aus? Hast du einen Sonnenstich?«, begrüßte ihn seine Freundin Bea (20) wenig charmant, als Holger nach Hause kam. Er schaute in den Spiegel und bemerkte, dass sein Gesicht wirklich stark gerötet war. Erschrocken zog er sich aus, denn mittlerweile spürte er Schmerzen nicht nur im Gesicht, sondern am ganzen Körper. Tatsächlich – er sah aus wie ein gekochter Krebs! Abends unter der Dusche brannte das warme Wasser wie Feuer auf seiner Haut. Im Bett wälzte er sich schlaflos von einer Seite auf die andere und tat die ganze Nacht kein Auge zu. Am nächsten Morgen hielt es Holger nicht länger aus und ging zu seinem Arzt. Der attestierte ihm Verbrennungen ersten Grades. Die Schmerzen hielten eine ganze Woche an, und auch die Urlaubsfreude war für Holger getrübt. Denn durch die sich ablösende verbrannte Haut sah er aus wie eine Pellkartoffel. Und statt in der Sonne zu brutzeln, musste er sich ständig im Schatten aufhalten. Seinen Urlaub hatte er sich anders vorgestellt. Nach der Rückkehr aus den Ferien nahm er sich daher einen Anwalt. Er wollte das Sonnenstudio auf Schmerzensgeld verklagen. »So ein gravierender Fehler hätte denen nicht passieren dürfen«, erklärte er dem Advokaten wütend. »Schließlich hatte ich ausdrücklich darauf hingewiesen, dass ich mich nicht auskenne und mich auf die Beratung verlasse!«

Was sagte das Gericht dazu?

Für die Richter war die Sache sonnenklar. Sie verurteilten das Bräunungsstudio auf Zahlung eines Schmerzensgeldes. Ihre Begründung: Ist Personal vorhanden, muss es auch beraten. Erst recht, wenn der Kunde darum bittet. Die Beratungspflicht entfällt nur, wenn Informationen ausdrücklich abgelehnt werden oder die Benutzung einer bestimmten Kabine ausdrücklich gewünscht wird. Aber das war hier nicht der Fall gewesen (AG Mannheim, 3 C 172/05 – 10/05).

Spielsucht:
»Die Spielbank hätte mich nicht reinlassen dürfen – deshalb muss sie meine Verluste erstatten!«

Seit seiner Scheidung fühlte sich Horst P. (54) einsam. Nach Feierabend wusste er nichts Rechtes mit sich anzufangen. Immer häufiger floh er in seine Eckkneipe, kippte ein paar

Bierchen und fütterte nebenbei den Spielautomaten im Hinterzimmer. Ihn beruhigte das gleichmäßige Geklimpere und Geflimmere des Gerätes, und über jeden Gewinn freute er sich wie ein kleiner Junge. Als ihm dieser Apparat zu langweilig wurde, ging er dazu über, die Automatenhalle des städtischen Casinos zu besuchen. Die Atmosphäre dort faszinierte ihn: laut, grell und voller Leben. Dort traf er auf Gleichgesinnte. Nicht, dass er jemals ein Wort mit einem der anderen Spieler gewechselt hätte – dennoch fühlte er sich geborgen wie in einer großen Gemeinschaft. Nur: Sein »Hobby« verschlang immer größere Geldbeträge. Bald geriet Horst in ernsthafte finanzielle Schwierigkeiten. Aber erst, als er seine Ersparnisse aufgebraucht und das Konto hoffnungslos überzogen hatte und er kurz davor war, wegen ausstehender Mietzahlungen die Wohnung zu verlieren, gestand Horst sich ein, dass er spielsüchtig war. In einer Selbsthilfegruppe fand er Rat und Hilfe. Dort empfahl man ihm, zum Casino zu gehen und sich freiwillig vom gesamten Spielbetrieb sperren zu lassen. Was Horst dann auch tat. Da er seine Sucht aber leider nicht in den Griff bekam, schlich er sich trotz Sperre weiterhin in den Automatensaal. Das gelang ihm, weil dort – im Gegensatz zu den übrigen Räumlichkeiten – keine Zugangskontrolle erfolgte. Als er völlig am Ende war, beichtete Horst das Ganze seiner Selbsthilfegruppe. Und schöpfte Hoffnung, als ein Gruppenmitglied tröstend bemerkte: »Das Casino hat eindeutig seine Kontrollpflicht verletzt. Es war dafür verantwortlich, die Einhaltung deiner Sperre zu überwachen. Weil das nicht geschehen ist, könntest du die Spielbank auf Erstattung deiner Spielschulden verklagen.« Derart seelisch gestärkt nahm sich Horst einen Anwalt und zog vor Gericht.

Was sagte das Gericht dazu?

Zum ersten Mal während seiner Spielerkarriere gewann Horst etwas, das ihm wirklich Gutes brachte, nämlich seinen Prozess! Denn das Gericht verurteilte die Spielbank dazu, ihm sämtliche Verluste zurückzuzahlen, da sie ihn trotz Sperre nicht am Zutritt gehindert hatte. Die Durchführung von Ausweiskontrollen bei gleichzeitigem Abgleich mit der Sperrdatei auch in der Automatenhalle wäre eine geeignete und zumutbare Maßnahme zur Überwachung der Einhaltung der Spielsperre gewesen (OLG Hamm, 22 U 250/05 – 2/07).

Unfall: »Weil der Wagen nicht repariert wurde, will ich den privat gezahlten Schadenersatz zurück!«

Als Miriam A. (36) nach dem Einkaufen schwer bepackt zu ihrem Auto zurückkehrte, wartete ein Mann auf sie. »Gehört dieser Wagen Ihnen?«, begrüßte er sie. »Tut mir leid, aber ich habe beim Einparken Ihren hinteren rechten Kotflügel leicht angeschrammt.« Miriam besah sich den Schaden und war erleichtert, denn so schlimm sah es gar nicht aus. »Könnten wir das unter uns und ohne Polizei oder Versicherung regeln?«, erkundigte sich der Mann. »Ich würde deswegen ungern meine Versicherungsprämie raufsetzen lassen müssen.«

Miriam hatte nichts dagegen, die 250 Euro bar auf die Hand kamen ihr gerade recht. Zuerst wollte sie die Kratzer in ihrer Werkstatt aubessern lassen. Aber dann vergaß sie es. Die paar kleinen Schrammen störten sie nicht weiter, und das Geld war längst ausgegeben. Wie es der Zufall wollte, traf sie eines Tages auf dem Parkplatz ihren Unfallgegner wieder. Der aber sprach sie pikiert darauf an, dass sie die Reparatur immer noch nicht ausgeführt habe. »Das Geld konnte ich besser für etwas anderes verwenden«, erklärte Miriam ihm. »Das ist ja wohl die Höhe«, schnaubte der Mann. »Die Summe habe ich Ihnen ausdrücklich für die Reparatur gezahlt und nicht für eine Ihrer Shopping-Orgien, die Sie sich ja offenbar regelmäßig leisten. Ich werde Sie verklagen und mir mein Geld zurückholen!«

Was sagte das Gericht dazu?

Es fuhr dem Kläger in die Parade und lehnte sein Ansinnen ab. Grund: Erhält ein durch einen Unfall geschädigter Autofahrer Schadenersatz, muss er den nicht zwangsläufig für die Reparatur seines Wagens einsetzen. Er kann darüber frei verfügen. Das Geld ist als Wiedergutmachung für die Beulen und Kratzer anzusehen, die der Unfallgegner dem Auto zugefügt und dadurch dessen Wert gemindert hat. Ob der Fahrzeugeigner den Defekt wieder richten lässt, ist letztlich allein seine Entscheidung (AG Siegburg, 109 C 368/05 – 4/06).

Unterhalt (1): »Der Chef verbietet mir einen Nebenjob – also kann ich nichts hinzuverdienen!«

»Ich würde euch ja gerne mehr zahlen. Aber du weißt, wie viel oder besser wie wenig ich verdiene.« Wieder einmal konnte Hendrik W. (31) seiner Exfrau nur wenige Euro als Unterhalt für ihren gemeinsamen Sohn Patrick überweisen. »Dann such dir doch endlich einen Nebenjob am Wochenende«, verlangte Kerstin (35), seine Exfrau. »Ich weiß bald nicht mehr, wie ich die Klamotten für Patrick bezahlen soll, so schnell, wie er wächst.«

»Aber das erlaubt mein Chef doch nicht. Erstens steht es im Vertrag, und zweitens habe ich ihn schon gefragt. Als Kurierfahrer kann er mir keinen Nebenjob erlauben, sagt er, weil ich sonst für meinen Hauptjob zu müde wäre«, entgegnete Hendrik. »Und damit hat er leider recht. Wenn ich abends zu Hause bin, falle ich immer sofort ins Bett. Ich brauche die Wochenenden zur Erholung, sonst klappe ich bald zusammen.« – »Ach, das sind doch alles nur Vorwände«, konterte Kerstin. Sie hatte wenig Mitleid, denn sie war selbst auch ständig erschöpft, weil sie mehreren Minijobs nachging und außerdem noch den kleinen Patrick versorgen musste. Sie ließ sich nicht mehr beschwichtigen. »Du hast ein Recht auf einen Nebenjob. Dann verklag deinen Chef, sonst verklage ich dich!« – »Das kannst du ja gerne machen, aber ich halte mich an das, was in meinem Arbeitsvertrag steht«, erklärte Hendrik. »Ich möchte meinen Job nicht verlieren.«

Was sagte das Gericht dazu?

Es lehnte einen derartigen Freibrief für Unterhaltspflichtige ab! So müssen Vollzeitbeschäftigte auch nach Feierabend oder am Wochenende arbeiten, um der ausreichenden finanziellen Unterstützung für ihr Kind nachkommen zu können. Ein Verbot von Nebenjobs befreit sie davon nicht: Bei familiären Belangen muss der Arbeitgeber den Job erlauben (OLG Dresden, 21 UF 22/05 – 2/05).

Unterhalt (2): »Ich kann nicht zahlen, weil ich mitten in einer Umschulung stecke!«

Ein pelziger Geschmack auf der Zunge, Kopfschmerzen und bleierne Müdigkeit – auf der Party am Abend zuvor war es mal wieder hoch hergegangen. Stolz erinnerte sich Birgit (38) daran, dass sie immer noch mit den jungen Dingern konkurrieren konnte. Bei ihrer Topfigur sah ihr niemand an, dass sie schon eine 18-jährige Tochter hatte. Was scherte es sie, dass sie an diesem Tag ihre Umschulung verpassen würde. Ihr Schönheitsschlaf ging eindeutig vor. Die Abschlussprüfung nächsten Monat würde sie vielleicht nur mit Ach und Krach bestehen – aber egal. Erschöpft drehte sich Birgit auf die Seite und schlief noch eine Runde.

Ein paar Wochen später sah sie die Sache mit der Umschulung nicht mehr so gelassen. Der Trainer hatte ihr unmissverständlich klargemacht, dass sie wegen ihrer ständigen Fehlzeiten fast keine Chancen mehr bei der Prüfung hatte. Und zu allem Überfluss war ein Streit mit ihrer Tochter eskaliert. Seit Monaten nervte das Mädchen seine Mutter mit der Forderung nach mehr Unterhalt. »Ich stecke mitten in der Umschulung, woher soll ich die Kohle nehmen?«, erklärte sie ihrer Tochter jedes Mal. Doch nun ließ sich die junge Frau nicht länger beschwichtigen. »Mama, es reicht mir«, begehrte sie gegen ihre Mutter auf. »Mir ist deine Umschulung piepegal und dir offenbar auch. Ich kann nicht länger Rücksicht darauf nehmen. Du zwingst mich, dich auf Unterhalt zu verklagen.« – »Ja, mach das nur«, schimpfte Birgit zurück. »Zahlungen, die ich wegen meiner Ausbildung momentan nicht leisten kann, wird kein Gericht der Welt von mir verlangen!«

Was sagte das Gericht dazu?

Es stellte klar, dass an der Sache so ziemlich alles faul ist. Laut Urteil der Richter dürfen sich Eltern nicht wegen einer Umschulung vor Unterhaltszahlungen drücken. Besonders dann nicht, wenn sie die eigene Ausbildung nicht zielstrebig beenden. Also wurde die Mutter trotz nichtbestandener Prüfung dazu verdonnert zu zahlen. Begründung: Hätte sie sich mehr angestrengt, hätte sie schon im neuen Job arbeiten und mehr verdienen können (Oberlandesgericht Koblenz, 7 UF 374/05 – 8/06).

6.

Ausreden bei Sozialbehörden und der Arbeitsagentur

Wer seinen Job verliert, ist nicht zu beneiden. Denn neben der Angst vor finanziellen Engpässen sitzt ihm auch die Arbeitsagentur im Nacken. Mit liebevoller Fürsorge wacht sie darüber, dass der Erwerbslose sich an die Bestimmungen hält und seine Pflichten erfüllt. Dazu gehört auch die Auflage, sich selbst fleißig bei neuen Jobs zu bewerben. Wer sich davon befreien lassen möchte, greift mitunter zu verzweifelten letzten Mitteln, wie folgendes Briefzitat beweist: »Wegen meiner angeboorenen Lese-Rächtschreipschweche kann ich leider keine Bewärbungen schreiben.« Auch das nächste Geständnis enthüllt die ganze Tragik menschlichen Daseins: »Ich kann in meinem Beruf als Clown nicht länger vermittelt werden, weil ich Depressionen habe.« Welchem Fallbetreuer würden da nicht die Tränen in die Augen schießen …

Klug handelt, wer sich seine Arbeitskraft erhält. Obwohl man es mit der Sorge um die eigene Gesundheit auch übertreiben kann, wenn man zum Beispiel behauptet: »Ich kann nicht mehr auf dem Bau arbeiten, da wird so viel getrunken, das macht meine Leber nicht mehr mit.«

Um den Kontakt mit ihren Kunden zu intensivieren, lädt die Agentur diese gern und regelmäßig ein – ob nun zu intimen Zweiergesprächen oder nur zu allgemeinen Info-Veranstaltungen. Wer da als Arbeitsloser verhindert ist, braucht gute Argumente, um sein Fernbleiben plausibel zu erklären. Etwas zu kurzsichtig ist so ein Vorwand: »Ich konnte nicht kommen, weil meine Kontaktlinsen in den Abfluss gefallen sind und ich den Weg nicht mehr gefunden hätte.«

Ein legendäres Eigentor schoss auch der Urheber folgender entwaffnend dämlicher Entschuldigung: »Ihre Informationsveranstaltung konnte ich bedauerlicherweise nicht besuchen, da ich um diese Zeit arbeiten musste.« Ist es bei diesem verbalen Kuriositäten-Kabinett ein Wunder, dass viele Ausreden Arbeitsloser vor Gericht erörtert werden müssen?

Arbeitslosengeld: »Ich habe das zu viel gezahlte Geld schon ausgegeben, also kann ich nichts erstatten!«

Verblüfft starrte Katharina D. (28) auf ihren Kontoauszug. Ein sattes Plus zeigte sich in der Rubrik »aktueller Kontostand«.

»Wo kommt denn das Geld her?«, fragte sich die junge Frau. Denn noch vor kurzem konnte sie gerade so mit Mühe den Rahmen ihres Dispokredits einhalten. Schließlich war Katharina seit kurzem arbeitslos. Doch da sie es eilig hatte und auf dem Weg zu einem Vorstellungsgespräch war, dachte sie nicht weiter darüber nach und steckte den Kontoauszug in die Tasche. Dort blieb er dann eine ganze Weile, bevor sie daran dachte, das Papier abzuheften. Dabei kontrollierte sie nochmals die Angaben. Und stellte dabei fest: »O wie schön, das ist aber eine Menge Arbeitslosengeld.« Die junge Frau freute sich. »Bist du sicher, dass das so richtig ist?«, fragte ihr Freund Thorsten. »Das ist ja fast so viel wie dein letztes Gehalt. Ich dachte immer, man bekommt weniger Arbeitslosengeld.« Katharina zuckte mit den Schultern. »Ach, das wird schon richtig sein, die werden mir doch nicht freiwillig mehr zahlen, als mir zusteht«, winkte sie ab. Doch Thorsten sollte mit seinen Bedenken recht behalten. Denn kurz darauf bekam

Katharina ein Schreiben der Arbeitsagentur: »Sie haben durch einen Fehler zu viel Arbeitslosengeld erhalten. Überweisen Sie die Überzahlung bitte sofort zurück.« Außerdem sollte sie einen Strafzuschlag zahlen, weil sie nicht gemeldet hatte, dass sie zu viel Geld bekam. »Das sehe ich ja überhaupt nicht ein. Ich habe doch gar nicht gewusst, dass ich zu viel Geld bekomme. Woher soll ich denn wissen, wie viel mir zusteht? Und außerdem habe ich es längst ausgegeben.«

Was sagte das Gericht dazu?

Hier kommt es auf die genauen Umstände des Einzelfalls an. In Katharinas Fall glaubten die Richter nicht, dass sie nicht bemerkt hatte, 60 Prozent zu viel Geld erhalten zu haben. Wer deutlich mehr Arbeitslosengeld bekommt, als ihm zusteht, muss es zurückzahlen, sagt z.B. das Landessozialgericht Hessen (L 9 AL 163/05 – 04/06). Nach Ansicht der hessischen Richter ist jeder Arbeitslose verpflichtet, die Bewilligungsbescheide sorgfältig zu lesen und nicht einfach ungeprüft abzuheften. Katharina musste das Geld zurückerstatten und auch den Strafzuschlag zahlen. Ganz anders entschieden in einem ähnlichen Fall jedoch Richter aus München (L 8 AL 18/03 – 7/04). Hier durfte der Arbeitslose den zu viel gezahlten Betrag behalten. Die Richter fanden, dass er den von der Bundesagentur für Arbeit ausgestellten Bescheid nicht auf dessen Richtigkeit hin überprüfen muss. Dazu sind nämlich Kenntnisse nötig, die von einem Normalbürger überhaupt nicht erwartet werden können.

Arbeitsunwilligkeit: »Ich habe bei der Bewerbung nur gesagt, dass ich absolut keine Ahnung habe!«

»Ich habe keine Erfahrung in dem Bereich, würde mich aber gern dort einarbeiten. Außerdem weise ich Sie darauf hin, dass ich schon 54 Jahre alt bin.«

Diese Formulierung im Bewerbungsschreiben von Klaus D. (54) sollte ihm nach dem Willen der Arbeitsagentur zum Verhängnis werden. Klaus hatte sich auf ein Stellenangebot beworben, das ihm der Beamte zugeschickt hatte. Den Job bekam er allerdings nicht. Zwei Wochen später wurde er per Brief in die Arbeitsagentur bestellt. Und der Mitarbeiter erklärte rundheraus: »Herr D., wir müssen Ihnen das Arbeitslosengeld sperren.«

Als Klaus nach dem Grund fragte, meinte der Mann: »Zufällig bekam ich von der Firma XY eine Kopie Ihres Bewerbungsschreibens zugeschickt. Mit Ihren Formulierungen haben Sie ja schon vorher sichergestellt, dass Sie die Stelle nicht bekommen. ›Keine Erfahrung‹ und ›schon 54 Jahre‹ – also, unvorteilhafter kann man sich wohl kaum präsentieren. Da hätten Sie sich die Bewerbung ja gleich sparen können. Ich werte das als Arbeitsverweigerung. Deshalb streiche ich Ihnen das Geld.« – »Aber ich habe doch nur die Wahrheit gesagt. Das ist doch kein Verbrechen. Ich habe keine Erfahrung in Buchhaltung. Und wenn die jemanden brauchen, der sich damit gut auskennt, bin ich nicht der Richtige. Aber ich kann mich auch einarbeiten, das habe ich doch geschrieben«, verteidigte sich Klaus.

Doch der Beamte ließ sich nicht umstimmen. »Dann klage ich eben«, sagte Klaus und verließ das Büro.

Was sagte das Gericht dazu?

Es ließ Klaus' Begründung durchgehen. Denn der Arbeitslose ist nicht zu einer positiven Werbung für sich verpflichtet, sondern nur zur wahrheitsgemäßen Darstellung seiner bisherigen Berufstätigkeit (BSG, B 7 AL 106/02 R – 1/04). Und nichts anderes hat Klaus getan, als er darauf hinwies, dass ihm die nötige Erfahrung fehlt. Eine Sperrzeit muss er nicht hinnehmen. Das gilt übrigens auch, wenn Bewerber eine Mappe mit handschriftlichen Unterlagen abgeben. Denn für Facharbeiter oder gewerbliche Arbeitskräfte (z.B. Lagerarbeiter) müssen niedrigere Anforderungen gelten als für Führungskräfte (LSG Mainz, 1 AL 58/03 – 6/04).

Aufhebungsvertrag: »Ich wäre doch sowieso entlassen worden, warum sollte ich da nicht noch die Abfindung mitnehmen – eine Sperrzeit ist deshalb nicht fair!«

»So ein Mist«, dachte Hannes T. (43). »Jetzt habe ich hier so lange im Lager geschuftet, und nun wird das alles zugemacht.« Er kam gerade von einer außerordentlichen Betriebsversammlung. Da hatte der Geschäftsführer der Zweigstelle die schlechte Nachricht verkündet. »Im Zuge der Sparmaßnahmen im Konzern wird in unserer Zweigstelle das Lager geschlossen. Wir werden in Zukunft vom Hauptlager im Nachbarort beliefert. Es sieht also so aus, dass alle Mitarbeiter im Lager spätestens zum 31. Mai ausscheiden müssen. Ersatzjobs wird es nicht geben. Ich habe versucht, mich beim Hauptgeschäftsführer für Sie einzusetzen. Aber es hat nichts genützt. Tut mir leid.«

So sah die bittere Wahrheit aus. Niedergeschlagen machte sich Hannes auf den Heimweg. Wie sollte er das nur seiner Frau Claudia beibringen? Doch Claudia reagierte toll, genau wie Hannes es insgeheim erhofft hatte: »Jetzt lass den Kopf nicht hängen, du findest bestimmt schnell was anderes. Wir schaffen das schon!«

Am nächsten Tag in der Firma zeigte sich auch immerhin ein kleiner Silberstreif am Horizont. Der Chef rief alle Mitarbeiter aus dem Lager zusammen. »Liebe Kollegen, ich habe zumindest eine gute Nachricht für Sie. Wir bieten Ihnen allen einen Aufhebungsvertrag mit einer, wie ich denke, großzügigen Abfindung an. Das ist immerhin ein kleines Trostpflaster.« Erfreut nahm Hannes das Angebot an und unterschrieb den Vertrag. Als sich der Lagerarbeiter dann aber bei der Arbeitsagentur meldete, kam die Ernüchterung: Sperrzeit! Zwölf Wochen sollte er warten, bis er das erste Arbeitslosengeld bekäme. »Aber was soll denn das? Ich wäre doch sowieso Ende Mai auf der Straße gelandet. Nun habe ich einen Aufhebungsvertrag zum selben Termin geschlossen. Wo ist denn da der Unterschied?«

Aber das konnte ihm der Berater in der Agentur auch nicht erklären: »Ich muss mich an meine Vorschriften halten. Aber Sie können ja Klage einreichen.« Das tat Hannes dann auch.

Was sagte das Gericht dazu?

Es gibt keinen Unterschied, und deshalb bekam Hannes recht. Schließt jemand wegen einer drohenden und gerechtfertigten Kündigung innerhalb der Kündigungsfrist einen Aufhebungsvertrag mit Abfindungszahlung, gibt es keine Abzüge beim Arbeitslosengeld (Bundessozialgericht, B 11a AL 47/05 R – 7/06). Im Fall von Hannes stand eine betriebsbedingte Kündigung bevor, gegen die er auch mit einer Kündigungsschutzklage nichts hätte ausrichten können.

Diskriminierung: »Es ist diskriminierend, dass ich mich als Arbeitsloser regelmäßig melden und Bewerbungen nachweisen soll!«

Schon wieder so eine blöde Einladung von der Arbeitsagentur. Genervt riss Michael V. (44) den Briefumschlag auf. »Ich soll schon wieder dort antanzen. Was soll das bringen? Einen Job bieten die mir sowieso nicht an. Das Gequatsche mit diesen Sesselfurzern bringt doch eh nichts. Das ist reine Schikane.«

Michaels Freundin Kerstin verdrehte nur die Augen. »Wenn

du genauso viel Energie in die Jobsuche stecken würdest wie in dein Gemecker über die Arbeitsagentur, hättest du längst eine neue Stelle«, konterte sie. »Aber es ist doch wahr, ich werde gegängelt wie im Kindergarten: Kommen Sie alle drei Monate zum Gespräch! Weisen Sie pro Monat soundso viele Bewerbungen nach! Fehlt bloß noch, dass sie mir vorschreiben, wann ich zum Friseur gehen und was ich morgens essen soll!«

Wütend warf Michael den Brief der Arbeitsagentur in den Papierkorb. Und ging nicht zu dem Termin, sondern stattdessen zum Anwalt. »Ich möchte dagegen klagen, dass ich von der Arbeitsagentur derart bevormundet werde«, erklärte er dem Juristen. »Ich fühle mich dadurch diskriminiert und in meiner persönlichen Freiheit eingeschränkt. Und ich verlange, dass man mich nicht öfter als alle fünf Monate mit solchen Aufforderungen belästigt.« – »So habe ich das noch nie betrachtet«, gab der Fachmann zu. »Aber vielleicht haben Sie recht, sicher hat noch niemand versucht, das gerichtlich klären zu lassen.« Der Anwalt erklärte sich bereit, Michael bei seiner Klage zu vertreten.

Was sagte das Gericht dazu?

Es wies die Klage von Michael ab. Von einer Diskriminierung könne keine Rede sein, denn die allgemeine Meldepflicht gelte für alle Arbeitslosen, klärte das Gericht ihn auf (LSG Berlin-Brandenburg, L 6 AL 29/04 – 1/06). Hier liegt also eher ein Musterbeispiel für Gleichbehandlung vor. Und für eine Verlängerung der Meldefrist, speziell für Michael V., gibt es keine rechtliche Grundlage. Daher wurde seine Klage abgewiesen.

Eigenkündigung (1): »Ich will trotz der Aufgabe meines Jobs Arbeitslosengeld – ich wollte ja zu meinem Partner ziehen!«

»Zwei Jahre Wochenendbeziehung sind genug. Ich will jetzt endlich zu dir ziehen!« Entschlossen drückte Karin M. (36) ihrem Freund Thomas S. (39) einen Kuss auf den Mund. »Aber du hast doch noch keinen neuen Job«, gab er zu bedenken. Obwohl er natürlich insgeheim froh über den Entschluss seiner Freundin war.

Schon seit einem Jahr suchte Karin vergeblich eine Stelle in seiner Stadt. Denn jedes Wochenende 400 Kilometer hin und her zu pendeln fanden die beiden ziemlich anstrengend. »Egal, dann bin ich eben eine Zeitlang arbeitslos. Und bekomme nur das bisschen Arbeitslosengeld. Aber dann kann ich mich wenigstens ganz auf die Jobsuche konzentrieren.« Karin nickte zuversichtlich. »So werde ich bestimmt schnell etwas Neues finden.«

Thomas gab sich geschlagen. »Also gut, wenn du das wirklich möchtest, dann freue ich mich natürlich, wenn du bei mir einziehst.«

Als drei Monate später der Umzug über die Bühne war, meldete sich Karin bei der örtlichen Arbeitsagentur. Doch die Auskunft des Mitarbeiters war ernüchternd. »Leider bekommen Sie die ersten zwölf Wochen kein Arbeitslosengeld. Denn Sie haben Ihre Arbeitslosigkeit ja selbst verschuldet.« – »Aber ich bin doch zu meinem Freund gezogen. Dürfen denn Paare nicht zusammenziehen, ohne dass sie eine Sperrzeit beim Arbeitslosengeld bekommen?«, protestierte Karin.

Der Beamte schüttelte den Kopf: »Das gilt leider nur für verheiratete Paare. Aber Sie sind ja nicht verheiratet, oder?« Aber das ist doch diskriminierend, dachte Karin. »Dagegen werde ich klagen«, rief sie und stürmte aus dem Büro.

Was sagte das Gericht dazu?

Es akzeptierte Karins Argumente! Denn im Jahr 2002 hat das Bundessozialgericht seine bisherige, die Ehe privilegierende Haltung aufgegeben. Seitdem wird anerkannt, dass auch der Umzug zu einem nichtehelichen Partner ein wichtiger Grund für eine Kündigung ist. Deshalb bekommt Karin vom ersten Tag an Arbeitslosengeld und muss keine Sperrzeit hinnehmen (BSG, B 7 AL 96/00 R – 10/02).

Eigenkündigung (2): »Eine Sperre beim Arbeitslosengeld ist unfair – ich musste ja selbst kündigen, ehe mir der Chef Negatives ins Zeugnis schreibt!«

»Also, Frau T., wenn das so weitergeht mit Ihnen, dann müssen sich unsere Wege trennen. Sie sind heute schon wieder nicht pünktlich im Laden gewesen. Ich kann da langsam kein Auge mehr zudrücken.« Zerknirscht stand Anna T. (33) vor ihrem Chef. »Ich versuche ja, mich zu bessern, wirklich«, versprach sie wohl zum zehnten Mal. Doch sie sah ihrem Chef an, dass er ihrer Versicherung nur wenig Glauben schenkte. »Ich schaffe es einfach nicht, morgens pünktlich aus dem Bett zu kommen. Ich habe schon drei Wecker gestellt, aber ich höre keinen davon.« Anna war verzweifelt, als sie abends mit ihrer besten Freundin telefonierte. »Wenn ich so weitermache, schmeißt mein Chef mich raus. Und schreibt noch etwas wie ›ständig unpünktlich‹ ins Zeugnis. Dann kriege ich doch nie wieder einen Job. Was soll ich bloß machen?« – »Du brauchst einen Job, bei dem du abends arbeiten kannst«, riet Annas Freundin. »Ja, du hast recht, aber ich finde einfach nichts. Ich schaue doch schon jede Woche in den Stellenteil«, sagte Anna. »Weißt du was?«, überlegte sie plötzlich. »Wie wäre es, wenn ich selbst kündige, dann kann er mich nicht rauswerfen und muss mir ein gutes Zeugnis geben. Was meinst du?« Anna war ganz elektrisiert von ihrer Idee. »Wenn du meinst, aber du hast doch noch keinen anderen Job«, gab ihre Freundin zu bedenken. »Egal, ich bekomme doch erst mal Arbeitslosengeld, und dann suche ich in Ruhe eine Stelle in der Gastronomie.«

Gesagt, getan. Annas Chef war zwar etwas überrascht, ließ sie aber ohne Protest gehen und stellte ihr zudem ein ordentliches Zeugnis aus. Doch mit dem Arbeitslosengeld gab es Probleme. »Sie haben selbst gekündigt«, erklärte der Beamte der Arbeitsagentur. »Da gibt es erst mal drei Monate kein Geld.« Dass Anna damit einem schlechten Zeugnis und einem Rauswurf vorbeugen wollte, beeindruckte ihn wenig. Deshalb zog Anna vor Gericht.

Was sagte das Gericht dazu?

Es zeigte kein Verständnis. Denn durch eine Kündigung hat Frau T. ihre Arbeitslosigkeit schuldhaft selbst herbeigeführt (LSG NRW, L 19 (9) AL 117/03 – 2/05). Das heißt, sie musste die Sperrzeit beim Arbeitslosengeld hinnehmen. Klüger wäre es gewesen, die Kündigung des Arbeitgebers abzuwarten und sich dann mit einer Klage vor dem Arbeitsgericht dagegen zu wehren. Die Klage muss spätestens drei Wochen nach Erhalt der Kündigung eingereicht werden. Auch so hätte Anna vermeiden können, dass im Zeugnis etwas Negatives steht.

Hartz IV (1):
Wir leben erst seit ein paar Monaten zusammen – deshalb darf man uns nicht wie ein Ehepaar behandeln!«

Dass nicht alle Frauen auf den Geldbeutel schielen, hatte Peter St. (48) den Glauben an die Menschheit wiedergegeben. Schon länger lebte er, mehr schlecht als recht, vom Arbeitslosengeld II.

Als er darum eines Tages Erika A. (44) kennenlernte, rechnete er sich bei ihr zunächst keinerlei Chancen aus. Sie war

Chefsekretärin in einem mittelständischen Betrieb – was hatte einer wie er so einer Klassefrau schon zu bieten? Aber Erika verliebte sich in Peter, und bald darauf zogen die beiden zusammen in ihre Wohnung.

Dass dies Auswirkungen auf seinen Hartz-IV-Anspruch haben könnte, ahnte Peter da noch nicht. Beim nächsten Besuchstermin aber klärte ihn sein Fallmanager in der Sozialagentur darüber auf: »Sie leben jetzt in einer eheähnlichen Gemeinschaft. Daher ist es legal, dass wir ab sofort das Einkommen Ihrer Partnerin auf Ihren ALG-II-Anspruch anrechnen. Ich kann Ihnen schon vorab sagen, dass Sie zukünftig deutlich weniger oder gar kein Geld mehr von uns überwiesen bekommen werden.« – »Aber wir sind doch gar nicht verheiratet«, versuchte Peter zu protestieren. »Warum werden wir also wie Eheleute behandelt?« – »Ob mit oder ohne Trauschein – Sie bilden eine Bedarfsgemeinschaft«, erklärte der Betreuer daraufhin. »Also müssen wir nun alle Einkünfte Ihres gemeinsamen Haushaltes berücksichtigen.« Völlig geknickt ging Peter nach Hause und überbrachte seiner Freundin die Hiobsbotschaft. Aber Erika war eine patente Frau, die sich so leicht nicht unterkriegen ließ. »Ich sehe ja ein, dass wir irgendwann später vielleicht wie Eheleute eingestuft werden. Wenn wir schon länger ein Paar sind. Aber doch nicht nach ein paar Monaten«, meinte sie. »Ich rufe morgen mal meinen Anwalt an. Wenn der uns rät, gegen die Behörde zu klagen, dann machen wir das.« Der Anwalt riet zur Klage.

Was sagte das Gericht dazu?

Es gab Peter und Erika recht. Denn auch der Staat muss dem Paar Zeit geben, erst einmal eine eheähnliche Beziehung aufzubauen. Daher wird erst ab einer gemeinsam verbrachten Zeit von drei Jahren eine Partnerschaft wie eine Ehe bewertet und kann dann als Bedarfsgemeinschaft eingestuft werden (LSG Nordrhein-Westfalen, L 19 B 85/05 AS ER – 2/06). Das heißt, Erika muss noch nicht für Peter zahlen.

Hartz IV (2): »Ich bin sexuell sehr aktiv – deshalb brauche ich einen Zuschlag für Verhütungsmittel!«

Bernd S. (48) kannte sich aus mit schweren Zeiten. Vor drei Jahren hatte er seine Arbeit verloren, darüber war seine Ehe in die Brüche gegangen, und nun lebte er schon eine Weile von Sozialhilfe. Zwar bewarb er sich nach wie vor um diverse Jobs. Aber für einen wie ihn schien der Zug abgefahren zu sein. Bis sich eines Tages das Blatt wendete – zumindest im Privatleben. Bernd lernte nämlich auf dem Amt eine Frau kennen. Tina war Sozialhilfeempfängerin wie er, was beide nicht weiter kümmerte, sondern nur noch mehr zusammenschweißte. In den folgenden Monaten erschien ihnen die ganze Welt wie ein Rosenmeer. Sie waren rasend verliebt und genossen ihre Zweisamkeit – zu jeder Tages- und Nachtzeit. Leider wurde das junge Glück von einem kleinen Problem getrübt: Was nämlich den Kondomverbrauch anging, lebte das sexuell überaus aktive Paar deutlich über seine Verhältnisse. Zwar teilten die beiden sich die Kosten redlich, doch auf Dauer konnte es so nicht weitergehen. »Und wenn wir erst mal abstinent leben, uns ein bisschen zurückhalten …?«, schlug Tina etwas ratlos vor. »Auf keinen Fall!«, protestierte Bernd empört. »Der Staat gängelt uns schon genug. Zum klösterlichen Leben kann er uns nicht auch noch zwingen!« Und weil er sich inzwischen gut auskannte im Dickicht der Sozialhilfebestimmungen, glaubte Bernd, eine bessere Lösung gefunden zu haben. »Lass uns einfach auf dem Amt einen Zuschlag beantragen«, schlug er Tina vor. »Und zwar wegen unseres erhöhten Kondombedarfs in den letzten Monaten. Das sind Extraausgaben, die man uns erstatten muss.«

Was sagte das Gericht dazu?

Wer so viel Gummi gibt, muss für die finanziellen Folgen selber geradestehen. Verhütung auf Staatskosten gibt es nicht.

Die Richter stellten klar, dass auch deshalb für Verhütungsmittel kein Zuschlag gewährt wird, da im pauschalen Regelsatz die Ausgaben für Kondome bereits enthalten seien. Zudem verlangte der Kläger die Kostenübernahme für einen bereits zurückliegenden Zeitraum. Aber Sozialleistungen werden nie rückwirkend gewährt (Verwaltungsgerichtshof Mannheim, 12 S 748/06 – 6/06).

Jobablehnung: »Ich habe diese Stelle nicht angenommen, weil ich nicht für einen Hungerlohn arbeiten wollte!«

»Wir freuen uns, Ihnen heute folgendes Stellenangebot vorschlagen zu können. Bitte bewerben Sie sich umgehend bei der untengenannten Adresse.« Sandra P. (34) freute sich, denn die gelernte Verkäuferin suchte schon seit einem halben Jahr einen neuen Job. »Endlich haben die mal was für mich«, erzählte sie sofort ihrem Mann Mark. Der Arbeitgeber war zwar eine Zeitarbeitsfirma, aber sie rief trotzdem gleich an. »Ja, die Arbeitsagentur hat uns informiert, dass Sie sich melden würden«, erklärte die Frau, die in dem Brief als Ansprechpartnerin genannt war. »Kommen Sie doch am besten noch diese Woche vorbei, und bringen Sie Ihre Zeugnisse mit. Passt es Ihnen am Donnerstag?«

Doch das Gespräch war weit weniger erfreulich, als Sandra gehofft hatte. Als sie nach Hause kam, machte sie ihrem Ärger Luft: »Für 710 Euro im Monat soll ich als Haushaltshilfe arbeiten! Das ist doch wohl eine Frechheit. Da bekomme ich ja mehr, wenn ich sofort auf Hartz IV gestuft werde. Das lasse ich mir nicht gefallen.« Als sie am nächsten Tag ihren Berater bei der Arbeitsagentur anrief, erklärte der jedoch: »Das mag ja alles sein, Frau P., aber es ist immerhin eine feste Stelle. Und Sie haben Aussicht auf einige Zuschläge. Außerdem ist bei Zeit-

arbeitsfirmen der Tariflohn etwas geringer. Wenn Sie den Job nicht annehmen, kann es Ärger für Sie geben. Ich muss das nämlich melden.«

»Dann melden Sie das. Aber ausbeuten lasse ich mich nicht. Dann gehe ich vor Gericht«, antwortete Sandra und legte auf.

Was sagte das Gericht dazu?

Es akzeptierte die Begründung! Selbst wenn es sich bei dem Gehalt um den Tariflohn der Branche handelt: Stellenangebote, bei denen der Lohn unter dem Arbeitslosengeld II für Singles liegt, müssen Arbeitslose nicht annehmen. ALG II gilt als das Existenzminimum (SG Berlin, S 77 AL 742/05 – 2/06). Sandra durfte den Job ablehnen und musste deswegen keine Sperrzeit der Arbeitsagentur fürchten.

Jobangebot:
»Das musste ich ablehnen, weil in Köln meine Allergie wieder ausbrechen kann!«

»Ich habe ein Jobangebot für Sie.« Der Berater von der Arbeitsagentur klang ganz begeistert, als er Petra M. (26) anrief. »Das ist genau Ihr Job. Passt wunderbar zu Ihrem Profil.« Petra war skeptisch: »Wo sitzt denn die Firma?«

»In Köln. Das ist doch eine tolle Stadt«, schwärmte der Berater. Petra versprach, sich zu bewerben. Aber große Hoffnungen machte sie sich nicht. Doch zu ihrer Überraschung hielt Petra zwei Wochen später eine Einladung zum Vorstellungsgespräch in der Hand. Einen Monat später hatte sie die Zusage für den neuen Job. »Wir sind Ihnen gern bei der Suche nach einer Wohnung behilflich«, versprach ihr neuer Chef. »Aber für die ersten Wochen können Sie ja im Hotel wohnen.«

»Das geht nicht, ich kann nicht im Hotel wohnen. Dann kommt bestimmt meine Hausstauballergie wieder.« Petras Mutter stimmte der jungen Frau zu. »Nein, dass machst du nicht. Ich erinnere mich an die Male, wo du im Hotel übernachtet hast. Jedes Mal hattest du einen heftigen Allergieanfall. Sag die Stelle ab, wenn die keine Wohnung für dich haben.« Da Petras neuer Arbeitgeber keine andere Möglichkeit hatte, sie unterzubringen, lehnte sie die Stelle ab. Ihr Arbeitsberater war davon wenig begeistert: »Das ist doch nur eine

Ausrede, Sie wollen nur nicht aus S. weg, deshalb haben Sie die Stelle abgesagt. Das ist bedauerlich, denn ich muss jetzt Ihr Arbeitslosengeld für drei Monate sperren. Tut mir leid. Da habe ich meine Vorschriften.« Das wollte sich Petra nicht gefallen lassen.

Was sagte das Gericht dazu?

Die Klage wurde abgewiesen. Zwar kann es in Hotels staubig sein, aber auch dann kann man sich gegen seine Allergie schützen. Schließlich gibt es auch entsprechende Medikamente. Daher gilt: Die Job-Chance geht vor (LSG Brandenburg, L 8 AL 165/02 – 5/04). Deshalb muss Petra die Sperrzeit für die Ablehnung des Jobangebots akzeptieren.

Leistungskürzung: »Ich konnte nicht zum Termin kommen – der Reißverschluss meiner Hose hat geklemmt!«

Seit er Hartz-IV-Leistungen bezog, hatte sich Knut B. (45) zum Experten gemausert. Als Administrator eines Sozialhilfe-Forums im Internet meinte er, genau zu wissen, welche Rechte ihm zustanden. Aber auch, welche Pflichten man ihm aufbrummen konnte – und welche nicht. Als er darum von seinem Fallmanager mal wieder schriftlich zu einer Informationsveranstaltung seiner Sozialagentur eingeladen wurde, regte ihn das nicht weiter auf. Er würde dort sowieso nicht erscheinen. Sämtliche Pflichttermine, denen er bislang nachgekommen war, hatten ihm nichts gebracht. »Zeitverschwendung, denen werde ich diesmal was husten«, erzählte er seiner Lebensgefährtin Gisela (48). »Und womit willst du ihnen den Wind aus den Segeln nehmen?«, fragte sie neugierig. »Guck mal«, sagte Knut, »was ich denen als Begründung geschrieben habe.« Gisela zückte ihre Lesebrille und musste unwillkürlich lachen, als sie überflog, was Knut zu Papier gebracht hatte. Er habe nicht kommen können, da er nur eine einzige Hose besäße, und bei dieser sei bedauerlicherweise der Reißverschluss kaputt. So unzulässig gekleidet habe er sich als schamhafter Mensch nicht aus dem Haus getraut. »Genial«, kommentierte Gisela anerkennend. Als Knut einige Zeit später zum Einzelgespräch bei der Sozialagentur vorgeladen wurde, schwänzte er auch diesen Termin mit identischer Begründung. Das Lachen verging ihm erst, als die Agentur seine Regelleistungen für ein Vierteljahr um zehn Prozent kürzte. »Dass ich arm bin und nur eine Hose habe, dafür kann ich nichts«, erklärte er daraufhin seinem Anwalt die Sachlage. »Man dreht mir einen Strick daraus, dass ich kein Geld für mehrere teure Anzüge habe – das kann nicht rechtens sein!«

Was sagte das Gericht dazu?

Die Sache ging für Knut im wahrsten Sinne des Wortes in die Hose. Die Richter entschieden nämlich, dass die Kürzung der Regelleistungen rechtmäßig gewesen war. Ein defekter Reißverschluss sei kein wichtiger Grund, den Terminen fernzubleiben. Auch Hartz-IV-Empfänger seien verpflichtet, ausreichend Kleidung zur Verfügung zu haben, mit der sie Termine wahrnehmen könnten (Sozialgericht Koblenz, S 11 AS 317/05 – 6/06).

Meldepflicht (1): »Ich war noch nie arbeitslos – also konnte ich gar nicht wissen, wie schnell ich zur Arbeitsagentur gehen muss!«

»Aber das habe ich doch nicht gewusst«, verteidigte sich Annika E. (25). Sie war vier Wochen zuvor arbeitslos geworden und hatte sich erst jetzt bei der Arbeitsagentur gemeldet. Der Berater hatte daraufhin erklärt: »Arbeitslosengeld bekommen Sie erst ab nächsten Monat. Denn Sie haben sich zu spät gemeldet. Dafür gibt es eine Strafe. Tut mir leid, aber ich muss mich an meine Vorschriften halten.« Die besagen: Seit Sommer 2003 müssen sich Arbeitnehmer unverzüglich arbeitslos melden, wenn sie den Zeitpunkt der Beendigung ihres Arbeitsverhältnisses kennen. »Woher soll ich das denn wissen? Mir hat keiner gesagt, dass es eine Meldefrist gibt. Und von Rechtsdingen habe ich doch keine Ahnung.« Annika schüttelte verzweifelt den Kopf. Doch der Berater blieb unerbittlich. »Ich werde den Vorgang jetzt so weiterleiten. Es steht Ihnen ja frei, juristisch dagegen vorzugehen. Aber ich fürchte, mit Unwissenheit werden Sie sich da kaum herausreden können.«

Bedrückt verließ Annika die Arbeitsagentur. Wie sollte sie nur mit dem wenigen Geld auskommen? Und jetzt auch noch dagegen klagen? Das kann ich mir ja erst recht nicht leisten, dachte die junge Frau. Am Abend erzählte ihr eine Freundin jedoch von der Prozesskostenhilfe. Die bekommen Geringverdiener vom Staat, um ihr Recht durchzusetzen. »Also gut«, sagte sie zu ihrer Freundin. »Dann werde ich Hilfe beantragen und vor Gericht gehen.«

Was sagte das Gericht dazu?

Es akzeptierte Annikas Darstellung. War dem Arbeitslosen die Meldefrist nicht bekannt und geht er deshalb nach dem Jobverlust zu spät zur Arbeitsagentur, droht ihm keine Leistungskürzung (BSG, B 11a/11 AL 81/04 R – 5/05).

Meldepflicht (2): »Ich war doch für die Arbeitsagentur immer erreichbar – was kann ich dafür, wenn mein Nachsendeantrag nicht funktioniert?«

Zurück zu den Eltern, dass hätte sich Katja D. (31) auch nicht träumen lassen. Nach dem Studium war ihre »Karriere« so gut angelaufen. Durch ein Praktikum rutschte sie gleich in einen tollen Job hinein. Und als IT-Spezialistin verdiente sie gutes Geld.

Doch der Traum zerplatzte sehr schnell, denn einer ihrer beiden Chefs konnte vom Geld nicht genug bekommen, bediente sich aus der Firmenkasse und lebte jetzt angeblich irgendwo in der Karibik, wo die deutsche Justiz ihn nicht erreichen konnte. Die Firma jedoch konnte den finanziellen Verlust nicht verkraften und musste Konkurs anmelden. Und die Mitarbeiter standen auf der Straße.

»Ich finde schnell wieder was Neues«, beruhigte Katja ihre Eltern. Doch die Hoffnung erfüllte sich nicht. Katja konnte ihre Wohnung nicht mehr halten und musste wieder bei den Eltern einziehen. Nachdem sie alle Möbel bei Freunden untergestellt hatte und mit ein paar Koffern in ihr altes Jugendzimmer zurückgekehrt war, meldete sich Katja bei der Arbeitsagentur am Wohnort ihrer Eltern. Was sie dort zu hören bekam, war jedoch wenig geeignet, ihre Laune zu verbessern. »Frau D., wir haben Sie eine Woche nicht erreichen können. Das geht so nicht. Wenn wir jetzt ein Stellenangebot für Sie gehabt hätten ... Sie hätten bei Ihrem bisherigen Berater rechtzeitig den Umzug ankündigen müssen. Der hätte mich dann schon informiert. Da Sie also praktisch eine Woche nicht vermittelbar waren, müssen wir das Arbeitslosengeld für diese Woche zurückfordern.«

Katja brach in Tränen aus. »Ja, was wollen Sie denn noch von mir? Jetzt bin ich schon wieder bei meinen Eltern untergekrochen, weil die Kohle hinten und vorn nicht reicht. Und jetzt wollen Sie auch noch etwas davon zurückhaben! Ich hab das Geld nicht. Und überhaupt war ich sehr wohl erreichbar, ich habe nämlich einen Nachsendeantrag gestellt«, protestierte sie. »Tut mir leid«, sagte der Berater, »aber das genügt nicht. Ich habe auch nur meine Vorschriften, das müssen Sie verstehen.« – »Ich verstehe gar nichts mehr, aber ich gehe jetzt zum Anwalt«, schäumte Katja. Und stürmte aus dem Büro des Beraters.

Was sagte das Gericht dazu?

Es ließ sich nicht von Katjas Ausführungen überzeugen, denn Arbeitslose müssen täglich erreichbar sein. Deshalb ist ein Umzug rechtzeitig anzumelden. Der Nachsendeantrag, den Katja bei der Post gestellt hatte, reicht nicht aus (BSG Kassel, B 11 AL 10/01 R). Wegen Nichterreichbarkeit musste Katja das erhaltene Arbeitslosengeld für den Zeitraum zurückzahlen.

Probejob: »Ich habe doch nur zur Probe gearbeitet – wieso soll ich das der Agentur melden!«

»Probejob? Was ist das denn für eine Geschichte?« Der Berater der Arbeitsagentur runzelte die Stirn. »Wer hat das denn genehmigt? Wenn Sie arbeiten und Geld verdienen, müssen Sie sich abmelden. Und wenn Sie nicht mehr arbeiten, müssen Sie sich wieder anmelden. So läuft das hier bei uns. Und da gibt es keine Ausnahme.«

Sabine K. (38) war etwas verwirrt, aber noch nicht beunruhigt. Es wird sich alles aufklären, dachte sie. Dieser andere Berater hatte ihr die Probestelle angeboten und ihr versichert, dass sie sich für die drei Tage Probearbeit nicht abmelden müsse. Darauf hatte sie sich verlassen. »Warum habe ich mir das bloß nicht schriftlich geben lassen«, fluchte Sabine innerlich über ihre Dummheit. »Aber Ihr Kollege hat mir ausdrücklich gesagt, dass ich mich nicht ab- und wieder anmelden muss. Sie können mir doch jetzt nicht vorwerfen, dass das nicht stimmt. Und mir auch noch einen Monat das Geld streichen!«

»Doch, das kann ich. Und das werde ich auch, wenn Sie mir nicht sagen können, wer Sie so falsch informiert hat!«, raunzte sie der Berater an. »Der Kollege hat hier in diesem Büro gesessen. Jetzt fällt mir der Name wieder ein: S. hieß er.« »Ach der«, schnaubte der Berater, »der hat sowieso keine Ahnung. Ist erst seit einem halben Jahr mit der Ausbildung fertig. Wie auch immer: Ich werde ihnen erst mal das Arbeitslosengeld streichen.« Jetzt wurde Sabine richtig wütend. »Tun Sie das. Aber dagegen werde ich klagen. Was soll ich denn als ahnungslose Arbeitslose anderes machen, als hier jemanden zu fragen? Was kann ich dafür, wenn der mir Blödsinn erzählt. Sie hören von mir.«

Was sagte das Gericht dazu?

Es stimmte Sabine zu. Sie durfte sich auf die Auskunft des Mitarbeiters in der Arbeitsagentur verlassen (LSG Baden-Württemberg, L 8 AL 3169/03 – 3/04). Deshalb war eine Bestrafung durch Leistungskürzung nicht gerechtfertigt.

Schwarzarbeit: »Die Stelle war mir doch gar nicht sicher – deshalb habe ich keinem was gesagt!«

»Also, dann ist ja alles besprochen.« Der Personalchef schüttelte Rita D.(48) herzlich die Hand. »Der Vertrag geht Ihnen in den nächsten Tagen zu. Wir sehen uns dann morgen an Ihrem neuen Arbeitsplatz.« Überglücklich verließ Rita das Büro des Personalleiters. Endlich ein neuer Job, der ihr zudem bestimmt Spaß machen würde. Und auch die neuen Kollegen hatten einen netten Eindruck gemacht. Als sie zu Hause ankam, fiel ihr Blick auf den Ordner für die Korrespondenz mit der Arbeitsagentur. Dem Berater sage ich aber erst Bescheid, wenn alles in trockenen Tüchern ist, dachte Rita. Sie war etwas abergläubisch. Und bevor sie den Vertrag nicht unterschrieben hatte, wollte sie nicht fest an den neuen Job glauben. »Gibst du einen aus?«, fragte ihre Freundin sie, als Rita von der neuen Stelle erzählte. »Nein, noch nicht«, wehrte Rita erschrocken ab. »Sonst kommt noch was dazwischen. Den Sekt gibt es erst, wenn ich unterschrieben habe.« – »Aber du fängst doch morgen schon mit der Arbeit an«, maulte ihre Freundin. »Trotzdem!« Rita ließ sich nicht davon abbringen. Die Arbeitsagentur hatte noch weniger Verständnis für Ritas Einstellung als ihre Freundin. Als sie nämlich ihrem Berater sagte, seit wann sie schon arbeitete, fiel diesem fast der Hörer aus der Hand. »Aber das hätten Sie sofort melden müssen, das wissen Sie doch!« Rita erklärte ihm, warum sie so lange gewartet hatte. Doch um eine Strafe sollte sie trotzdem nicht herumkommen. Daraufhin ging sie sofort zum Anwalt.

Was sagte das Gericht dazu?

Es urteilte streng. Auch wer noch keinen Vertrag hat und schon mit der Arbeit beginnt, muss das unverzüglich der Arbeitsagentur melden. Ob man wirklich einen Vertrag bekommt und dort länger arbeitet, spielt für die Meldepflicht keine Rolle (BAG, 7 RAr 112/95 – 01/97). Deshalb musste Rita leider mit der Kürzung ihrer Leistungen leben.

Urlaubsanspruch: »Die Suche nach einem neuen Job ist anstrengend und stressig – darum stehen mir mehr als drei Wochen Ferien zu!«

Wer einen Job hat, dem fehlt meist die Zeit, mal richtig ausgiebig Urlaub zu machen. Mehr als zwei Wochen am Stück sind bei den meisten Firmen nicht drin. Und wer keine Arbeit hat, dem fehlt es an Geld, um seine Zeit möglichst angenehm zu gestalten. Dennoch stehen auch Arbeitslosen drei Wochen Urlaub zu. »Das ist aber viel weniger, als Arbeitnehmer bekommen«, beklagte sich Rolf M. (43) bei seinem besten Freund. »Wie steht es denn da mit dem Gleichheitsgrundsatz? Sind Arbeitslose denn weniger gestresst als Arbeitnehmer? Nein, die ständige Jobsuche und die Existenzangst können einen auch ganz schön fertigmachen.«

Rolf wusste, wovon er sprach, denn schon seit knapp einem

Jahr war er auf der Suche nach Arbeit. »Ich muss endlich mal raus hier, und nicht nur für drei Wochen. Da fängt die Erholung ja gerade erst an. Das ist einfach nicht gerecht«, schimpfte er weiter.« Sein Freund Olaf schlug mit der flachen Hand auf den Tisch. »Hör auf zu jammern und mach was! Fahr in Urlaub und bleib so lange, wie du willst. Und wenn sie dir dann Geld abziehen, dann geh vor Gericht und klage dagegen. Ich kann dir einen guten Anwalt empfehlen.« Und so trat Rolf erst seinen verdienten Urlaub und dann seinen Kampf für die Rechte erholungsbedürftiger Arbeitsloser an.

Was sagte das Gericht dazu?

Das Bundesurlaubsgesetz für Arbeitnehmer ist nicht auf Arbeitslose übertragbar, deshalb wurde Rolfs Klage abgewiesen. Wer, wie Rolf, die erlaubten drei Wochen Urlaub ohne Zustimmung der Arbeitsagentur überzieht, muss mit einer Kürzung der Leistungen rechnen (BSG, B 11 AL 101/99 – 08/00).

Wohnungsgröße: »Weil ich dicker und größer bin als ein Normalbürger, müssen Sie mir auch eine größere Wohnung bezahlen!«

Arno G. (37) war das, was man gemeinhin höflich mit »ein stattlicher Mann« umschreibt: Er war fast zwei Meter groß und wog über 180 Kilogramm. Bis auf ein paar Gelegenheitsjobs hatte er seit Jahren keine feste Arbeit mehr gehabt und lebte von staatlicher Unterstützung. Damit kam er klar, aber was ihn wurmte, war seine winzige Wohnung. 35 Quadratmeter für einen Hünen wie ihn – lächerlich! »Wenn ich ins Wohnzimmer gehe, ist es voll. Und dauernd stoße ich mich am Türrahmen oder laufe gegen Möbel«, jammerte er seiner Mutter vor. »Überall muss ich den Kopf einziehen, ich habe ständig blaue Flecken.« – »Mein armer Junge«, bemitleidete sie ihn. »Das sind wirklich keine menschenwürdigen Zustände. Man kann dich doch nicht wie ein Tier im Käfig halten.« – »Genau, Mama! Ich habe die Faxen dicke«, erwiderte Arno.

Und schon am nächsten Tag schleppte er sich höchstpersönlich aufs Amt, um eine größere Wohnung für sich zu beantragen. Als man dort hörte, dass er wegen seiner außergewöhnlichen Körpermaße nicht länger in seinem »Zwergenbau« leben könne, erntete Arno nur Kopfschütteln. »Wie wäre es, wenn Sie abnehmen und sich selbst erst mal verkleinern, statt sich wohnraummäßig vergrößern zu wollen«, schlug ihm irgendein Witzbold vor.

Aber dem Kerl würde das blöde Gespött bald im Hals steckenbleiben, dachte Arno grimmig. Denn er hatte vor, sein Anliegen einem Anwalt zu übergeben.

Was sagte das Gericht dazu?

Es quittierte Arnos Ausführungen mit einem dünnen Lächeln. Denn es gibt keinen Sonderstatus für große oder dicke Menschen. Wer allein lebt, muss sich auch mit 35 Quadratmetern zufriedengeben – selbst wenn er, wie Arno, fast zwei Meter groß und rund 180 Kilo schwer ist (VG Mainz, 1 L 578/04 – 10/04).

7 Ausreden auf dem Rathaus

Der Amtsschimmel wiehert ja bekanntlich gerne einmal – nicht selten auch über die Ausreden, mit denen die Bürger Geld aus dem kommunalen Säckel lockermachen möchten. Wie zum Beispiel diese hier: »Ich will Schadenersatz, denn die Feuerwerksböller des Stadtfestes haben meinen Hund so verrückt gemacht, dass er die gesamte Wohnung verwüstet hat.«

Andere machen die städtischen Angestellten völlig zu Unrecht für das schlechte Benehmen ihrer Sprösslinge verantwortlich, wie zum Beispiel diese Mutter: »Mein Kind hat im Kindergarten unanständige Ausdrücke gelernt, dafür verlange ich Schmerzensgeld und Schadenersatz.« Der Fachmann staunt und der Laie wundert sich, mit welchem Sch... sich Gerichte manchmal beschäftigen müssen.

Selbst aus kleineren Blessuren versuchen manche Bürger noch Kapital zu schlagen, wie der folgende Brief zeigt: »Als ich mich auf die Parkbank setzte, bohrte sich ein Holzsplitter in meinen Po, dafür verlange ich Schmerzensgeld!« Aber es kommt noch besser. So beschwerte sich eine ältere Dame, die sich durch ein neues Straßenschild belästigt fühlte, auf dem Rathaus: »Das Straßenschild hat meine Aussicht auf das gegenüberliegende Grundstück versperrt. Dafür verlange ich Schadenersatz und Nutzungsausfall.«

Und es soll Passanten geben, die im Stadtwald über einen Maulwurfshaufen stolpern und die Stadt dafür verantwortlich machen. »Beim Spaziergang bin ich in ein Maulwurfsloch getreten und gestolpert. Deshalb beantrage ich Schmerzensgeld und Schadenersatz für meine ruinierten Schuhe. Denn Tiere haben im Stadtwald nichts zu suchen.« Die Gemeindemitarbeiter sahen das natur-gemäß anders. Doch manche Bürger begnügen sich nicht mit einem einfachen Widerspruch, sondern ziehen sogar vor Gericht. Wie die folgenden Beispiele dokumentieren.

Abnutzung: »Das Streugranulat beschädigt meine Schuhsohlen – dafür muss die Stadt bezahlen!«

»Schickes Modell, wirklich der letzte Schrei«, scherzte Ines G. (29), während sie die neuen orthopädischen Schuhe ihrer Freundin Britta J. (28) begutachtete. »Du hast gut reden«, entgegnete diese etwas deprimiert. »Aber ich muss diese Dinger jetzt immer tragen. Aus und vorbei ist es mit modischen Pumps oder Stöckelschuhen.« Obwohl sie sich nicht besonders wohl fühlte mit ihren orthopädischen Schuhen, blieb Britta tapfer und trug sie den ganzen Winter über. Zu ihrem Ärger bemerkte sie allerdings bald, dass sich die Sohlen ungewöhnlich schnell abnutzten. Als sie sich bei ihrem Schuhmacher deswegen beschwerte, meinte dieser: »Das ist nicht meine Schuld, ich habe Wertarbeit geliefert. Es ist aber deutlich zu erkennen, dass die Sohlen durch Granulat beschädigt wurden. Den ganzen Winter über hat es geschneit, und die Stadt musste häufig streuen. Ich nehme mal an, dass die Sohlen dadurch vor der Zeit abgenutzt werden.«

Da der Schuhmacher ihr keine kostenlosen Ersatzsohlen anfertigen wollte und Britta nicht einsah, dass sie für die Kosten selbst aufkommen sollte, verfolgte sie einen anderen Plan. »Ich werde die Gemeinde auf Schadenersatz verklagen«, erzählte sie ihrer Freundin Ines. »Die Schuhe sind mir ärztlich verschrieben worden, ich muss sie tragen. Warum soll ich finanziell dafür bluten, dass die Gemeinde sie mir durch ihre Streuwut und das scharfkantige Granulat vorzeitig ruiniert hat?«

Was sagte das Gericht dazu?

Es schmunzelte zwar – ließ sich aber nicht beeindrucken. Denn die Abnutzung von Schuhen gilt als allgemeines Lebensrisiko, für das niemand haftet (LG Oldenburg, 5 O 3480/04 – 1/05). Es ist einfach Pech für Britta, dass sie für ihre orthopädischen Schuhe so viel mehr Geld ausgeben muss.

Anliegerbeiträge: »Für den vermurksten Fußweg zahle ich nicht – der ist viel zu schmal, da kann ja nicht mal mein Hund sein Bein heben!«

Als Katharina N. (44) die Baumaschinen in ihrer Straße sah, war sie etwas verwundert und fragte sich, was denn wohl los war. Die Antwort erhielt sie, als sie nach Hause kam. Ihr Mann Jochen (48) hatte einen Brief in der Hand. »Haben wir heute bekommen. Die Stadt will endlich einen Bürgersteig auf unserer Straßenseite anlegen. Schön, oder?«

Schon länger hatten die beiden sich geärgert, dass es in der Straße keinen Fußweg gab und auch die Kinder immer zwischen den parkenden Autos herumlaufen mussten. Bei der Planung des Neubaugebiets war das damals einfach vergessen worden. Immer wieder hatten die Anwohner bei der Stadt den Fußweg beantragt. Jetzt sollte es also losgehen. Ein paar Wochen später war die Begeisterung von Katharina, Jochen und den anderen Nachbarn jedoch schon verflogen. Was großspurig als Bürgersteig angekündigt war, entpuppte sich als schmaler Trippelweg von gerade mal 50 Zentimeter Breite. »Ein Fußweg ist normalerweise zwei Meter breit. Dieser hier ist eine Frechheit. Darauf kann ja noch nicht mal unser Hund sein Bein heben«, schimpfte Jochen, als sich die Nachbarn zu einer Versammlung trafen. Doch der richtige Ärger sollte noch kommen. In Form einer Rechnung von der Stadt. Denn die wollte sich bei den Anwohnern schadlos halten und verlangte eine finanzielle Beteiligung am Bau des Bürgersteiges. Da waren sich jedoch alle einig: Das bezahlen wir nicht. Katharina und Jochen wurden dazu bestimmt, den Widerstand gegen die Stadt zu organisieren.

Was sagte das Gericht dazu?

Der Widerstand war berechtigt. Und die Stadt ging leer aus. Lässt eine Gemeinde auf einer Seite einer Fahrbahn einen Bürgersteig anlegen, der nur einen halben Meter breit ist, kann sie von den Anwohnern keine Beteiligung an den Kosten verlangen. Dazu müsste der Fußweg mindestens zwei Meter breit sein (VGH Bayern, 6 B 2354/97 – 10/03).

Auskunft: »Der Sachbearbeiter hat mir versichert, dass mein Antrag genehmigt wird – dann muss ich das Geld auch bekommen!«

»Klasse, mein Bafög ist bewilligt worden«, erzählte Tim K. (19) freudestrahlend seiner Mutter. Er hatte eben mit dem zuständigen Sachbearbeiter telefoniert, und der hatte ihm mündlich einen positiven Vorbescheid erteilt. Tim wollte gern bei einem privaten Lehrinstitut sein Abitur nachholen. Aber zunächst war unklar gewesen, ob er überhaupt Anspruch auf Zuschuss nach dem Bundesausbildungsförderungsgesetz (Bafög) hatte.

Da jetzt alles klar zu sein schien, fuhr Tim am Tag darauf zu seiner künftigen Schule und meldete sich für den Abiturkurs an. Beim Unterzeichnen des Vertrags fielen ihm die nicht unerheblichen Kosten für Anmeldung und Kursgebühr auf. »Zum

Glück muss ich das nicht alles selbst berappen, das könnte ich mir gar nicht leisten«, dachte er erleichtert. Entsprechend groß war sein Schock, als die Behörde einige Zeit später schriftlich mitteilte, man könne dem Bafög-Antrag nicht stattgeben, Tim gehöre nicht zum Kreis der Förderungsberechtigten.

Und da ein Unglück selten allein kommt, ließ die nächste schlechte Nachricht nicht lange auf sich warten. Die Schule akzeptierte nämlich Tims Stornierung des Kurses nicht, die er natürlich sofort veranlasst hatte. »Unterschrieben ist unterschrieben!«, meinte die Institutsleiterin nur.

Tim und seine Mutter wandten sich hilfesuchend an einen Anwalt. »Ich habe mich hundertprozentig auf die positive Aussage der Behörde verlassen«, erläuterte Tim seine missliche Lage. »Sonst hätte ich mich doch nie und nimmer für den teuren Kurs eingeschrieben. Die Behörde hat einen gravierenden Fehler gemacht. Also soll sie gefälligst die dadurch entstandenen Kosten übernehmen. Ich sehe nicht ein, dass ich dafür geradestehen soll!«

Was sagte das Gericht dazu?

Tims Begründung wurde akzeptiert. Bei fehlerhaften Auskünften und Verwaltungsakten kann die betreffende Behörde unter bestimmten Umständen nämlich schadenersatzpflichtig sein. Voraussetzung dafür ist aber, dass finanzielle Nachteile, wie in Tims Fall, tatsächlich beziffert werden können (OLG Karlsruhe, 13 W 168/96 – 04/97). Das heißt, er bekommt die Kosten für seine Anmeldung und die Kursgebühr erstattet. Schadenersatz für Aufwand und Ärger gibt es allerdings nicht. Dasselbe gilt übrigens, wenn die Arbeitsagentur falsche Auskünfte zum Anspruch auf Leistungen, z.B. zur Weiterbildung oder Umschulung, gibt. Auch dann muss sich der Bürger darauf verlassen können. Deshalb muss die Behörde zahlen, wenn sie Bürger falsch beraten hat (SG Frankfurt/Main, S 33 AL 3262/02 – 2/05).

Beerdigungskosten: »Mein Onkel hat mir nie was geschenkt – darum zahle ich auch nicht für seine Beerdigung!«

»Sehr geehrte Frau T., nach unseren Informationen sind Sie die Nichte von Herrn Konrad F., zuletzt hier wohnhaft. Wir bedauern, Ihnen mitteilen zu müssen, dass Herr F. vor einer Woche verstorben ist. Da keine weiteren Verwandten ermittelt werden konnten, bitten wir Sie um die Begleichung der angefallenen Beisetzungskosten von 1000 Euro. Mit freundlichen Grüßen …«

Als Lisa T. (38) das Schreiben von der Gemeinde in ihrer Post fand, war sie erst mal nur verwirrt. Denn sie kannte niemanden in dem Ort. Warum sollte die Stadt ihr also schreiben? Und von einem Konrad F. hatte sie noch nie gehört, oder? Doch langsam dämmerte es ihr. Hatte nicht ihr Bruder mal was von einem »Onkel Conni« erzählt? Aber sie selbst hatte den Mann nie getroffen. Schon lange hatte er die Verbindung zur Familie abgebrochen. Deshalb wurde sie richtig wütend, als sie den Brief zu Ende gelesen hatte.

Warum sollte sie jetzt für einen ihr wildfremden Mann die Beerdigung bezahlen? Sie setze sich sofort an den Computer und tippte eine freundliche, aber bestimmte Antwort. Die mit dem Satz endete: »Anders als es sonst bei einem Onkel üblich ist, hat Herr F. nie an meinem Leben Anteil genommen, sich auch in meiner Jugend nie blicken lassen oder mir Geschenke gemacht. Eigentlich ist er für mich eine wildfremde Person. Und deshalb sehe ich keine Veranlassung, für die Beerdigung von Herrn F. aufzukommen. Mit freundlichen Grüßen …«

So ging es dann noch ein paarmal hin und her. Denn die Gemeinde bestand weiter darauf, dass Lisa zahlen sollte. Die jedoch weigerte sich hartnäckig. Schließlich ging sie mit dem ganzen Schriftverkehr zum Anwalt. Jetzt wollte sie endlich gerichtlich klären lassen, dass sie nicht für die Beerdigung eines entfernten Verwandten zahlen musste, den sie nicht einmal gekannt hatte.

Was sagte das Gericht dazu?

Blut ist zwar dicker als Wasser, aber so dick nun auch wieder nicht. Lisa hatte völlig recht. Zur Bestattung eines Verstorbenen sind nach landesrechtlichen Regeln nur dessen nächste Angehörige verpflichtet. Dazu zählen dessen Ehegatte, Kinder und Eltern. Sind die dazu nicht in der Lage oder nicht (mehr) vorhanden, kann diese Pflicht aber nicht beliebig auf andere Verwandte wie z. B. Nichten oder auch Neffen abgewälzt werden (OVG Lüneburg, 8 ME 227/04 – 9/04).

Beleuchtung: »Weil der Fußweg unbeleuchtet war, kam mir plötzlich ein Betonpoller entgegen!«

Britta K. (41) hatte die Nase gestrichen voll. Schon wieder Überstunden! Jetzt war sie hundemüde, wollte nur noch nach Hause. Als sie aus dem Bus stieg, war es bereits stockfinster. Nun noch schnell die fünf Minuten Fußweg, dann hatte sie es geschafft. »Tja, wenn da nicht der blöde Poller gewesen wäre, der mir plötzlich entgegenkam«, erinnerte sich Britta später. Sie lag mit Gipsbein auf dem Sofa und erzählte ihrem Bruder, wie es dazu gekommen war. »Ich hätte im Stehen einschlafen können, die Straßenbeleuchtung war total funzelig – okay, da habe ich dieses blöde Teil eben übersehen und bin darüber gestolpert! Aber ich sage dir: Dafür verklage ich die Stadt auf Schmerzensgeld!« – »Hm, meinst du nicht, dass du dir das gründlich überlegen solltest?«, wandte ihr Bruder ein. »Du gibst doch selbst zu, dass du unaufmerksam warst. Und warum hast du nicht die Straßenseite gewechselt? Soweit ich weiß, ist die andere Gehwegseite nämlich besser beleuchtet.« – »Papperlapapp«, entgegnete Britta unwirsch. »Dass ich eventuell etwas müde war, tut nichts zur Sache. So ein Weg hat beleuchtet zu sein, auf beiden Seiten. Und deswegen ziehe ich vor Gericht!«

Was sagte das Gericht dazu?

Mit Schadenersatz sah es finster aus. Denn der gegenüberliegende Fußweg war gut beleuchtet. Britta hätte nur die Straßenseite wechseln und auf dem hellen Weg gehen müssen. Die Stadt traf daher keine Schuld (OLG Hamm, 9 U 183/04 – 4/05). Britta bekam kein Schmerzensgeld.

Biotonne: »Meinen Abfall werfe ich in den Garten – also zahle ich nicht für die Müllabfuhr!«

Endlich raus aus der Stadt! Petra (39) und Klaus (42) B. freuten sich, dass sie ihren Traum endlich wahr gemacht hatten. Sie besaßen nun ein kleines Haus mit Garten in einem ruhigen Ort am Rande der Stadt. Hier würden sich auch die beiden Kinder wohl fühlen. Sie konnten im Garten spielen. Und Petra konnte sie auch mal auf die Straße lassen, ohne befürchten zu müssen, dass den beiden etwas zustößt. Außerdem konnte sie hier endlich ihrem Hobby richtig nachgehen, dem Gärtnern. Der Balkon in der Hochhaussiedlung war ihr nie genug gewesen, und eine Kleingartenparzelle hatten sie nicht bekommen.

Ein halbes Jahr später hatten sich alle schon gut eingelebt. Petra hatte einen Gemüsegarten angelegt und freute sich über die erste eigene Ernte. »Schau mal, meine ersten Karotten! Sehen die nicht lecker aus?« Sie schwenkte begeistert ein Bund Möhren vor der Nase ihres Mannes. Der schnappte sich eine Wurzel und meinte: »Hier ist übrigens Post von der Gemeinde. Mach doch mal auf.« Petra öffnete den Brief und begann sofort zu schimpfen. »Was soll das denn? Sind die verrückt ge-

worden?« Die Gemeinde kündigte an, dass im nächsten Monat jeder Haushalt eine grüne Biotonne erhalten sollte. So weit, so gut. Doch dafür sollte eine Jahresgebühr von 150 Euro anfallen.

»Wir brauchen keine Biotonne, wir haben unseren eigenen Komposthaufen im Garten«, erklärte Petra am nächsten Tag dem zuständigen Mitarbeiter im Rathaus. Doch sie stieß auf taube Ohren. »Tut mir leid, hier im Landkreis bekommt jeder eine Biotonne. Egal, ob er einen Garten mit Kompostnutzung hat oder nicht. Wir können da keine Ausnahme machen. Das ist unser öffentlicher Auftrag.« Doch das wollte sich Petra nicht gefallen lassen. »Wir entsorgen unseren Bioabfall im Garten auf dem Kompost«, erklärte sie ihrem Anwalt. »Deshalb lehne ich eine Biotonne ab – und erst recht die Gebühren dafür.«

Was sagte das Gericht dazu?

Die Benutzung von Biotonnen darf nicht aufgezwungen werden. Deshalb bekam Petra recht. Wer seine organischen Abfälle selbst auf einem Komposthaufen entsorgt, muss von den Gebühren befreit werden. Die Begründung der Richter: Es sei Ziel des Kreislaufwirtschaftsgesetzes, eine Selbstverwertung anzustreben (OVG Münster, 22 A 5429/96 – 08/98).

Gehwegreinigung: »Wieso soll ich den Gehweg fegen, der wird doch sowieso wieder schmutzig!«

»Schon wieder hat sich jemand über das rutschige Laub auf dem Gehweg in der Corneliusstraße beschwert«, meinte Herbert R. (48) zu seinem Kollegen bei der Stadtverwaltung. »Lass mich raten: In Höhe des Anwesens von Herrn Krause?«, fragte der zurück.

Er kannte seine Pappenheimer. »Kein Kommentar«, erwiderte Herbert seufzend. Er musste sich schon seit längerem mit diesem Krause herumärgern. Der Mann besaß ein großes Haus und einen riesigen Garten, Geld war also offenbar genug da. Doch der öffentliche Gehweg in Höhe des Krause'schen Grundstücks wirkte stets vernachlässigt und schmutzig. Dabei wussten die Hauseigentümer in der Corneliusstraße, dass sie abschnittsweise für die Reinigung des Bürgersteiges verantwortlich waren. Und alle anderen Parteien hielten sich auch brav daran. Nur vor Krauses Tür herrschte stets das Chaos. Jetzt im Herbst war es besonders schlimm. Das Laub lag zentimeterhoch. Und wenn ein Passant nicht aufpasste, konnte er leicht stürzen.

»Das wird mir langsam zu riskant, wir sollten handeln, ehe ein Unfall passiert«, überlegte Herbert laut. »Dann beauftragen wir doch unsere Freunde von der Reinigungsfirma Schlüter«, erwiderte sein Kollege, »damit sie bei dem Krause mal ordentlich Klarschiff machen. Und die Rechnung schicken wir dann an ihn – wie immer in solchen Fällen.«

Dass Herr Krause sich dieses Prozedere nicht kommentarlos gefallen lassen würde, war Herbert klar. Es wunderte ihn daher nicht, als er einige Zeit darauf ein Anwaltsschreiben in Händen hielt. Darin kündigte Krause an, die Gemeinde zu verklagen, wenn sie die Reinigungskosten nicht selbst übernehme. Krauses Argument: »Warum soll im Herbst so oft der Gehweg gereinigt werden, wenn schon nach einer Stunde wieder neues Laub gefallen ist und alles genauso rutschig ist wie vorher? Da müssen die Passanten eben entsprechend vorsichtig gehen!«

Und er hatte noch ein zweites Argument parat: »Das Laub stammt von gemeindeeigenen Bäumen, also gehört es mir gar nicht.«

Was sagte das Gericht dazu?

Es nahm kein Blatt vor den Mund. Anwohner wie Herr Krause können durch die örtlichen Vorschriften zur Reinhaltung des Gehweges vor ihrem Haus verpflichtet werden. Halten sie sich nicht daran, darf die Stadt eine Reinigungsfirma damit beauftragen und die Rechnung an den Schmutzfinken schicken (VG Lüneburg, 5 A 127/01 – 1/039). Herr Krause musste zahlen und in Zukunft selbst fegen (oder fegen lassen).

Müllgebühr: »Ich lebe umweltbewusst und produziere keinen Müll – also muss ich auch keine Gebühren bezahlen!«

Gerhard W. (44) und seine Familie bemühten sich seit Jahren, so ökologisch wie möglich zu leben. Was den Müll anging, hatte Gerhard inzwischen ein nahezu perfektes System ausgeklügelt. Schon beim Einkauf wurde auf die spätere Kompostierbarkeit geachtet. Überflüssige Verpackungen entsorgte die Familie bereits im Supermarkt. Abfälle wie etwa Kugelschreiber oder Zahnbürstenköpfe hortete man gewissenhaft für die spätere Abgabe an einen privaten Wertstoffsammler. Besucher der Familie – viele waren es angesichts der strengen Auflagen ohnehin nicht – wurden sanft, aber bestimmt dazu angehalten, den von ihnen erzeugten Müll komplett wieder mitzunehmen.

Gerhard pflegte und fütterte seinen Komposthaufen im Garten so leidenschaftlich, dass die Familie inzwischen tatsächlich keinen nennenswerten Müll mehr produzierte. Als daher die Rechnung über die nächste Abfallentsorgungsgebühr ins Haus flatterte, hielt Gerhard seine Stunde für gekommen und legte Widerspruch ein. »Seit Jahren erzeugt meine Familie keinen Müll mehr. Das Aufstellen einer Restmülltonne ist daher völlig überflüssig, und logischerweise entfällt somit unsere Pflicht, weiterhin die städtischen Müllgebühren zu bezahlen«, schrieb er der Gemeinde.

Die ließ den Widerspruch aber nicht gelten und bestand auf Begleichung der Rechnung. Was Gerhard als ungerecht und widersinnig empfand. Er hatte seinen Haushalt nicht ohne Grund ökologisch durchorganisiert, das sollte sich endlich auch in klingender Münze auszahlen. Also zog er vor Gericht.

Was sagte das Gericht dazu?

Es trat Gerhards Argumente in die Tonne. Denn auch wer Abfälle kompostiert, Müll vermeidet und Rohstoffe zur Wiederverwertung sammelt, wird nach Überzeugung des Gerichts immer noch einen kleinen Rest entsorgungspflichtigen Abfall produzieren. Außerdem war der Kläger mit seinem Grundstück an die öffentliche Abfallentsorgung angeschlossen und konnte sie jederzeit nutzen – darum hatte er keinen Anspruch auf Erlass der städtischen Müllgebühren (VG Koblenz, 7 K 543/04 – 9/04). Schließlich zahlt ja auch jeder Bürger für die Straßenbeleuchtung – auch wenn er bei Dunkelheit seine Wohnung nicht mehr verlässt.

Rentenauskunft: »Ich habe geglaubt, was mir der Beamte sagte – also muss die Gemeinde für seine Fehler haften!«

»Ich fragte, ob mir irgendwelche Rentenansprüche zustehen«, berichtete Renate P. (32) niedergeschlagen ihrer Freundin. »Aber der Beamte sagte mir, dass ich bei meinen Vermögensverhältnissen derzeit keine Ansprüche habe.« Renates geschiedener Mann war gestorben. Darum hatte sie sich auf dem Amt nach eventuellen Rentenanwartschaften erkundigt. »Ich verdiene zu viel – deshalb gibt es nichts«, erklärte sie der Freundin.

Auf diese Auskunft verließ sich Renate jahrzehntelang. Denn im Job stieg sie auf, brachte nach und nach immer mehr Gehalt nach Hause. Ein Rentenanspruch erschien ihr dadurch unwahrscheinlicher denn je.

Eines Tages erfuhr sie zufällig, dass der Gesetzgeber mittlerweile die Hinzuverdienstgrenze geändert hatte. Sie rechnete nach und stellte fest, dass sie dadurch seit mehreren Jahren einen Anspruch auf Erziehungsrente gehabt hätte. Ein Teil davon war verjährt. Aber natürlich forderte sie vom Amt, ihr alle früheren Rentenansprüche sofort nachzuzahlen. Doch die Gemeinde weigerte sich. So blieb Renate nur der Weg zum Anwalt. »Ich habe mich damals auf die Auskunft des Sachbearbeiters verlassen«, erläuterte sie ihm. »Durch seine lückenhafte Beratung sind mir große Summen vorenthalten worden, die mir eigentlich zugestanden hätten. Ich will, dass man mir mein Geld auszahlt!«

Was sagte das Gericht dazu?

Es lehnte Renates Klage ab. Denn vom Bürger kann verlangt werden, dass er sich selbst über mögliche Änderungen von Vorschriften auf dem Laufenden hält. Die Auskunft des Beamten war zum damaligen Zeitpunkt richtig (Oberlandesgericht Saarbrücken, 4 U 95/05-92 – 1/06). Renate hat daher keinen Anspruch auf Ausgleich der entgangenen Rente durch die Gemeinde.

Schadenersatz:
»Ich bin nur ins Schleudern gekommen, weil mir die Straße unter dem Auto weggezogen wurde!«

Günther D. (35) war spät dran. Er musste die Kleine aus dem Kindergarten abholen, und vermutlich würde die Erzieherin ihn ermahnen, weil er es mal wieder nicht ganz pünktlich geschafft hatte. Nervös drückte er das Gaspedal weiter durch – auf dieser Strecke war nie viel los, da konnte er ein höheres Tempo riskieren. Natürlich hatte er die diversen Warnschilder registriert. Eines wies auf die Schleudergefahr hin, eines schrieb eine Geschwindigkeitsbegrenzung vor – mit Schildern war man auf dieser Strecke mehr als großzügig.

Doch Günther war spät dran und hatte keine Lust, sich wieder eine Gardinenpredigt von der Kindergärtnerin anhören zu müssen. Plötzlich, als Günther noch ein wenig mehr auf die Tube drückte, geriet er auf der nassen Fahrbahn gefährlich ins Schleudern, konnte den Wagen nicht mehr halten und prallte schließlich gegen einen Begrenzungspfosten. Zum Glück war ihm nichts passiert. Aber das Auto war ziemlich demoliert.

Als Günther abends kleinlaut seiner Frau Michaela (33) von dem Unfall berichtete, meinte sie nachdenklich: »Ist dir das nicht auf dem Streckenabschnitt passiert, wo der Flüsterasphalt verlegt wurde? Dass man damit den Lärmpegel senken kann, ist ja schön und gut. Aber ich meine, gelesen zu haben, dass dieser Belag ziemlich umstritten ist, weil er offenbar nicht griffig genug ist. Kein Wunder, dass du dort ins Schleudern gekommen bist!«

Günther war wie elektrisiert. »Du meinst, ich bin für den Unfall eigentlich gar nicht verantwortlich? Vielleicht sollten wir die Sache gerichtlich klären lassen. Schließlich war es fast so, als hätte mir plötzlich jemand die Straße unter dem Auto weggezogen!« – »Ein Versuch lohnt allemal«, erwiderte seine Frau. »Steuern zahlen wir dafür schließlich genug. Warum sollen wir dafür büßen, dass andere ihrer Pflicht nicht richtig nachgekommen sind? Lass uns doch die Verantwortlichen auf Schadenersatz verklagen!«

Was sagte das Gericht dazu?

Damit kam Günther nicht durch, denn das zuständige Bauamt ließ den Fahrbahnbelag regelmäßig prüfen. Außerdem hatte es eine Geschwindigkeitsbegrenzung angeordnet und mit einem Warnschild auf die Schleudergefahr hingewiesen. Das war ausreichend (LG Karlsruhe, 2 O 244/05 – 7/06). Günther bekam keinen Schadenersatz.

Schwanenangriff: »Die gefiederte Bestie ging plötzlich auf mich los, ohne dass ein Schild vor ihr warnte – deshalb soll die Gemeinde zahlen!«

»Au ja, Enten füttern«, jubelte Frederik B. (4), als seine Mutter mit einer gutgefüllten Tüte voller Weißbrotreste aus der Küche kam. »Na dann, zieh dir die Jacke an, und ab in den

Park.« Gerti (33) freute sich über die Begeisterung ihres Sohnes. Auch sie war als Kind gern zum Entenfüttern in den Park gegangen. Während Frederik einen Brocken nach dem anderen aus der Tüte fischte und der laut quakenden Entenschar zuwarf, hatte sich Gerti auf eine Bank gesetzt. Doch dann sah sie einen Schwan, der langsam, aber zielstrebig aufs Ufer zuschwamm. Da die junge Frau wusste, dass die Tiere schon mal zuschnappen können, stand sie auf und ging zu ihrem Sohn. Wovon sich der Schwan aber nicht beirren ließ. Er wollte auch seinen Anteil am Futter ergattern – wütend fauchend verscheuchte er die Enten.

Da stellte sich Gerti dem Tier entgegen. Und prompt ging der Schwan auf sie los. Auch lautes Schreien vertrieb das aggressive Tier nicht. Frederik hatte sich inzwischen hinter die Bank geflüchtet, aber seine Mutter musste einige Schnabelhiebe von dem Federvieh einstecken. Nach dem »Schlagabtausch« ging Gerti sofort mit Frederik zum Arzt. Sie hatte zwei Platzwunden am Bein, die genäht werden mussten. Frederik war zum Glück ohne Kratzer davongekommen. Danach ließ sich die junge Frau einen Termin bei einem Anwalt geben, denn sie wollte von der Stadt Schadenersatz und Schmerzensgeld. Sie fand, diese hätte vor einem derart gefährlichen Tier zumindest warnen müssen. Das sah auch ihr Anwalt so.

Was sagte das Gericht dazu?

Es fand die Begründung hieb- und stichfest und gab der Frau recht. Ist einer Gemeinde bekannt, dass sich im Park ein bissiger Schwan aufhält, muss sie Passanten vor ihm warnen. Da ein Hinweisschild fehlte, bekam Gerti ihr Schmerzensgeld (Landgericht Stuttgart, 15 O 358/04 – 8/05).

8.

Ausreden bei Versicherungsschäden

Versicherungsgesellschaften sind in den Augen vieler Verbraucher eine Art moderne Raubritter. Sie kassieren regelmäßig hohe Prämien. Aber wenn es an das Auszahlen von vertraglich zugesicherten Leistungen geht, legen sie meist vornehme Zurückhaltung an den Tag. Deshalb versuchen Versicherte oft, mit allen legalen, aber auch zweifelhaften Tricks, sich das ihnen vermeintlich zustehende Geld zu sichern.

Die Argumente sind jedoch nicht immer ganz taufrisch, wie z.B. dieses hier: »Ich fordere Schadenersatz – meine Hand habe ich mir nur verletzt, weil das Fleisch gefroren war, als ich es schneiden wollte!« Kein Wunder, dass der Sachbearbeiter die Forderung eiskalt ablehnte.

Manchmal lesen sich die Schadenmeldungen schon fast wie Abenteuerromane: »Ein riesiger Vogel ist durch mein geschlossenes Fenster geflogen und hat außerdem Teile meines teuren Kaffeeservices kaputtgemacht. Ich beantrage die Regulierung.« Da lachen ja die Hühner, dachte sich der Sachbearbeiter und lehnte ab.

Ziemlich ideenreich sind manche Versicherte auch, wenn es darum geht, sich vor künftiger Arbeit zu drücken. Schon in jungen Jahren wollte sich dieser Briefschreiber zur Ruhe setzen: »Der Arzt sagt, mein biologisches Alter entspräche dem eines Rentners – daher möchte ich schon jetzt in Pension gehen!« Doch angesichts von so viel geistiger Frische verdonnerte ihn der Versicherungsträger dazu, weiterzuarbeiten.

Eine Rente erhoffte sich auch dieser Versicherte mit der folgenden tollen Ausrede: »Da ich allergisch gegen die Polster von Bürostühlen bin, kann ich nicht mehr arbeiten. Ich beantrage Berufsunfähigkeitsrente.« Zur Not müsse er eben im Stehen arbeiten, schlug der Sachbearbeiter vor. Gute Idee, oder?

Und dann sind da noch die mit Stilblüten gespickten Unfallschilderungen, mit denen mancher seine eigene Unschuld und damit den Anspruch auf Versicherungsleistungen untermauern möchte. Etwa diese: »Der Fußgänger rannte in mich und verschwand wortlos unter meinem Auto!« Immerhin konnte der Sachbearbeiter seinen Kunden darüber aufklären, dass er zumindest mitschuldig war, trotz des grußlos verschwundenen Fußgängers. Denn ob gesprächig oder nicht – Fußgänger gelten immer noch als die schwächsten Verkehrsteilnehmer, auf die alle anderen jederzeit Rücksicht zu nehmen haben.

Aber nicht immer sind es nur die Versicherungskunden, die mit Ausreden doch noch an ihr Geld kommen wollen. Oft legen sich auch die Versicherungen die tollsten Ausreden zurecht, um Ansprüche abzuwimmeln. Und so landen die Streitfälle dann oft vor Gericht. Was dort so alles verhandelt wird, erfahren Sie in diesem Kapitel.

Auffahrunfall (1):
»Als ich auf die Bremse treten wollte, war sie nicht da!«

Was für ein schicker Flitzer! Karen H. (42) freute sich über ihren brandneuen Wagen. Das Schwarzmetallic sah absolut edel aus, die Lederpolster rochen gut – mit dieser Limousine konnte sie wirklich Eindruck schinden. Und es war ihr erstes Automatik-Fahrzeug. Früher hatte sie immer gedacht, Automatik sei allenfalls etwas für verschnarchte Rentner. Deshalb hatte sie sich stets für Wagen mit Handschaltung entschieden. Erst als Karens beste Freundin ihr vorschwärmte, wie bequem und entspannt man mit Hilfe einer Automatik vor allem im Stadtverkehr fahren könne, änderte sie ihre Meinung.

Beim Kauf ihres Neuen verzichtete sie daher bewusst auf Handschaltung. Anfangs war das alles noch etwas ungewohnt für sie, und während ihrer »Jungfernfahrt« griff sie immer wieder unwillkürlich mit der rechten Hand zum Wahlhebel des Automatikgetriebes, bevor ihr einfiel, dass sie nun ja gar nicht mehr schalten musste. Zunächst ging alles gut – bis ihr Vordermann an einer Landstraßenampel, die gerade auf Rot sprang, plötzlich ziemlich heftig bremste. Karen war ohnehin schon ein wenig zu dicht aufgefahren und wollte ebenfalls bremsen. Doch als sie mit dem Fuß das Pedal suchte, fand sie es nicht sofort und knallte ihrem Vordermann ins Heck. Zum Glück war der Schaden an beiden Fahrzeugen relativ gering, und es wurden keine weiteren Fahrzeuge in den Unfall verwickelt. Außerdem tröstete sie der Vordermann: »Das zahlt ja Ihre Haftpflicht. Und wenn Sie selbst vollkaskoversichert sind, wird ihnen ja auch der Schaden am eigenen Auto erstattet.«

Doch Karens Vollkaskoversicherung wollte erst mal eine genaue Unfallschilderung. Und die bekam sie auch: »Als ich auf die Bremse treten wollte, war sie nicht da. Ich war mit der Anordnung der Pedale in meinem neuen Automatikwagen noch nicht richtig vertraut, und es hat einen Moment gedauert, bis ich das Pedal gefunden hatte.« Genau das aber warf ihr die Versicherung nun vor: »Es ist grob fahrlässig, sich in ein Auto zu setzen, mit dem man nicht vertraut ist. Darum zahlen wir nicht.« Karen nahm sich einen Anwalt. Und der ermutigte sie: »Sie sind vorher noch nie Automatik gefahren. Dass Sie deshalb die Pedale nicht sofort gefunden haben, ist ein menschlich nachvollziehbarer Bedienungsfehler und keine grobe Fahrlässigkeit. Ich denke, wir können relativ gelassen vor Gericht ziehen.«

Was sagte das Gericht dazu?

Es akzeptierte Karens Begründung. Denn dass Karen wegen mangelnder Vertrautheit mit dem Automatikwagen das Bremspedal nicht sofort gefunden hatte, kann nach Auffassung der Richter nicht als grobe Fahrlässigkeit gewertet werden (OLG Düsseldorf, I-4 U 15/03 – 9/03).

Auffahrunfall (2): »Der andere hat mir eine Falle gestellt und den Schaden provoziert!«

Werner D. (56) war mächtig stolz auf seinen Neuwagen – und auf 20 Jahre unfallfreies Fahren. Wenn sich seine Lebensgefährtin doch davon mal eine Scheibe abschneiden könnte ...

Aber nein, immer wieder passierten ihr kleine Unachtsamkeiten. Schwupps, hatte ihr Wagen die nächste Beule. Wie ein Buschtaxi sah ihr gequältes Vehikel allmählich aus. Seine Staatskarosse dagegen: nagelneu und wie aus dem Ei gepellt. Niemals würde er Elfriede ans Steuer lassen.

Beim Autofahren hing Werner D. gern seinen Gedanken nach. Er konnte sich das leisten, schließlich war er ein versierter Fahrer. Eines Tages wurde er allerdings jäh aus seinen Tagträumereien gerissen, als es plötzlich einen fürchterlichen Knall gab: Er war mit voller Wucht auf seinen Vordermann aufgefahren. Während der anschließenden Unfallaufnahme kam Werner D. ein übler Verdacht. Das gegnerische Fahrzeug wies nämlich einen nicht reparierten Heckschaden auf.

»Das war garantiert ein provozierter Unfall – der andere hat mir durch sein Bremsen eine Falle gestellt«, vermutete er gegenüber seiner Lebensgefährtin. »Der Typ hat viel zu abrupt gebremst, da hatte ich keine Chance! Der will mich abzocken, aber da hat er sich verrechnet, ich gehe vor Gericht!«

Was sagte das Gericht dazu?

Es fand die Beobachtung mit dem nicht reparierten Heckschaden unerheblich, denn wer auffährt, hat entweder nicht aufgepasst oder zu wenig Abstand gehalten. Darauf kommt es an. Und deshalb musste Werner für den Schaden zahlen (Landgericht Bremen, 7 O 564/02 – 11/04).

Autoklau (1): »Ein Trickdieb muss mir die Schlüssel aus meiner Tasche gestohlen haben!«

»Robbie Williams ist super. Ich freue mich so, dass ich noch Konzertkarten bekommen habe«, jubelte Susanne F. (34) ins Telefon. Sie musste ihrer Freundin Corina D. (30) sofort die gute Nachricht mitteilen. Als es endlich losgehen sollte, waren die beiden Frauen aufgedreht wie Teenager.

Das Konzert war ein voller Erfolg. Beschwingt kamen Susanne und Corina nach Ende der Veranstaltung am Parkplatz an. Schon vorher hatte Susanne nervös in ihrer Jackentasche gekramt. »Mist, der Schlüssel ist weg. Aber ich hatte doch extra den Reißverschluss zugemacht, damit er nicht rausfällt.« Daraufhin wurde Corina auch nervös. »Und hier hatten wir doch geparkt, oder?«

Der Platz war leer. Damit schien die Situation klar: Erst musste der Schlüssel aus Susannes Tasche entwendet und damit dann das Auto geklaut worden sein. Sofort rief sie per Handy die Polizei. Die nahm den Fall auf, machte ihr aber wenig Hoffnung, dass sie ihren neuen Golf noch mal wiedersehen würde. »Der ist längst im Osten«, orakelte der Beamte.

Und auch mit der Versicherung gab es Ärger. Die wollte nämlich nicht zahlen, weil Susanne den Autoschlüssel in der Jackentasche hatte. »Das ist grob fahrlässig!«, urteilte der Sachbearbeiter. Doch Susanne ließ sich nicht so leicht aus der

Ruhe bringen. »Ich hatte den Reißverschluss der Tasche geschlossen. Das sehe ich nicht als fahrlässig an.« Auch ihr Anwalt schloss sich dieser Ansicht an.

Was sagte das Gericht dazu?

Es war einer Meinung mit Susanne. Sie hatte die Jacke nicht aus den Augen gelassen, und der Reißverschluss der Tasche war die ganze Zeit geschlossen gewesen, weshalb die Versicherung den Schaden ersetzen musste (Landgericht Coburg, 22 O 98/06 – 8/06).

Autoklau (2): »Der Werkstattmeister hat mir gesagt, ich soll den Schlüssel in den Briefkasten werfen!«

Erst der Stress mit dem Chef, und jetzt auch noch der blöde Feierabendstau. Vom leeren Kühlschrank, der ihn zu Hause erwartete, ganz zu schweigen. Holger W. (42) hatte denkbar schlechte Laune. Und die besserte sich nicht gerade dadurch, dass ihn lauter Vollidioten auf der Gegenspur mit der Lichthupe nervten. War am Ende mit seinem Auto irgendetwas nicht in Ordnung?

Tatsächlich, ein kurzer Check auf dem Seitenstreifen ergab, dass das linke Vorderlicht ausgefallen war. Mieses Timing – es war Donnerstag, und übers Wochenende wollte er unbedingt auf ein Musikfestival. Den Wagen brauchte er also dringend. Glück im Unglück: Wenigstens erreichte er noch kurz vor Feierabend übers Handy seine Werkstatt.

»Wenn es so dringend ist, erledigen wir das gleich morgen früh«, versprach ihm der Meister. »Kommen Sie am besten gleich vorbei. Stellen Sie den Wagen bei uns im Hof ab. Wir sind dann zwar schon weg, aber das macht nichts. Werfen Sie den Zündschlüssel einfach in den Werkstattbriefkasten.« Gesagt, getan. Holgers ohnehin schon angegriffene Stimmung erreichte allerdings ihren absoluten Nullpunkt, als sich am Freitag herausstellte, dass sein Auto vom Werkstatthof gestohlen worden war. Und als er den Fall seinem Versicherungsberater meldete, gab es die nächste schlechte Nachricht: »Tut mir leid, aber für den Schaden kommen wir nicht auf! Der Schlüssel im Briefkasten – das ist ja geradezu eine Einladung für alle Diebe. Da sind Sie selbst schuld, wenn das Auto gestohlen wird.«

Doch nun hatte Holger die Nase voll. »Das wollen wir ja erst mal sehen. Dann gehe ich eben vor Gericht!«

Was sagte das Gericht dazu?

Es hatte kein Verständnis für Holgers Verhalten. Denn das Auto bei der Werkstatt abzustellen und den Zündschlüssel in den Briefkasten zu werfen ist leichtsinnig und grob fahrlässig. Die Versicherung musste Holger den Schaden nicht ersetzen (OLG Celle, 8 U 182/04 – 6/05).

Autoklau (3): »Die Diebe müssen beim Einbruch meinen Zweitschlüssel gefunden haben!«

Das Schloss war geknackt und die Haustür stand sperrangelweit offen, als Silke L. (38) nach Hause kam. Geschockt machte die junge Frau eine erste Bestandsaufnahme: Die ganze Wohnung war verwüstet – eindeutig das Werk von Einbrechern.

Silke meldete den Schaden sofort bei Polizei und Versicherung. Die Beamten waren schnell zur Stelle und nahmen ihre Anzeige auf. »Was ist denn gestohlen worden?«, fragte der eine Polizist. »Meine Schmuckkassette vom Frisiertisch. Und etwas Bargeld, das ich in meinem Schreibtisch hatte. Sonst habe ich noch nichts festgestellt.«

Auch der Versicherungsmitarbeiter hatte sich Notizen gemacht. »Wenn Ihnen später noch etwas auffällt, können Sie das in Ihre endgültige Schadenliste aufnehmen. Dafür haben Sie eine Woche Zeit.« Nach der ersten Aufregung wurde Silke wieder etwas lockerer. Doch nun fing der Ärger erst richtig an. Denn als Silke am nächsten Tag ihr Auto benutzen wollte, stand es nicht in der Tiefgarage. Ihr kam ein böser Verdacht. Sie überprüfte, ob der Zweitschlüssel ihres Wagens noch in der Schublade im Wohnzimmer lag. Er war weg.

Sofort meldete sie das dem Versicherungsmitarbeiter. Doch für den Autoklau wollte die Gesellschaft nicht zahlen. In dem Ablehnungsschreiben stand folgende Begründung: »Es ist grob leichtsinnig, den Zweitschlüssel für den Wagen ungesichert in einer Schublade zu deponieren. Deshalb können wir für den Schaden nicht aufkommen.«

Mit dem Brief ging Silke zu einem befreundeten Anwalt. »Sieh dir das an. Wo hätte ich den Schlüssel denn lassen sollen? Ich konnte doch nicht ahnen, dass Einbrecher ihn in dem Versteck finden.« Auch der Anwalt stimmte ihr zu. Die Begründung der Versicherung hielt er für völlig realitätsfremd.

Was sagte das Gericht dazu?

Von Leichtsinn konnte hier keine Rede sein, deshalb bekam Silke recht. Versicherte können nicht alle Folgen eines Einbruchs vorhersehen. Sie müssen nicht damit rechnen, dass Diebe das Versteck des Zweitschlüssels für das Auto entdecken und den Schlüssel entwenden. Eine Überprüfung des Verstecks kann daher nicht verlangt werden. Ebenso wenig die Sicherstellung des Fahrzeugs. Wird der Wagen später gestohlen, muss die Hausratversicherung zahlen (OLG Celle, 8 U 128/03 – 11/05).

Berufsunfähigkeit: »Ich lasse mich nicht zu einer Operation zwingen – ich habe Angst vor Kurpfuscherei!«

»Tja, Herr W.«, sagte der Arzt zu Volker W. (43). »Mit Ihrem Rücken können Sie nicht mehr in Ihrer Firma arbeiten. Das merken Sie ja selbst. Es gibt zwar die Möglichkeit zu operieren. Aber ob Sie danach wieder voll einsatzfähig sind, kann man vorher nie sagen.«

Volker zuckte zusammen. »Hören Sie bloß auf mit dem Wort ›Operation‹. Davon will ich gar nichts hören. Sie wissen, Sie sind der einzige Arzt, dem ich vertraue. Aber ins Krankenhaus gehe ich bestimmt nicht. Da wird mir viel zu viel gepfuscht.«

Der Installateur wusste zwar, dass seine Zukunft auf dem Spiel stand, aber aufgrund seiner panischen Angst vor Ärzten kam eine Operation für ihn nicht in Frage. Deshalb stellte er einen Antrag auf Berufunfähigkeitsrente. Mit seinem Bandscheibenleiden konnte er viele Tätigkeiten in seiner kleinen Firma einfach nicht mehr ausüben.

Die Versicherung forderte ihn in ihrem Antwortschreiben jedoch auf, sich operieren zu lassen. Das würde ihn in die Lage versetzen, weiterzuarbeiten. Somit hätte er auch keinen Anspruch auf Rente. Erbost rief Volker seinen Sachbearbeiter an. »Sie können doch nicht von mir verlangen, dass ich mich unters Messer lege. Eine Operation ist gefährlich, ich könnte sterben oder schwer behindert sein, wenn ich aufwache. Das mache ich nicht.«

Doch der Sachbearbeiter verwies auf seine Vorschriften. »Tut mir leid, ich habe extra noch mal Rücksprache mit meinem Vorgesetzten gehalten. Durch die Operation besteht eine Chance auf Heilung, deshalb müssen wir nicht zahlen.« Doch Volker wollte ebenfalls nicht nachgeben. »Sie kriegen mich niemals in ein Krankenhaus. Und zahlen müssen Sie trotzdem. Notfalls gehe ich eben vor Gericht.«

Was sagte das Gericht dazu?

Es zeigte Verständnis für Volkers Angst. Eine Bandscheiben-OP unter Vollnarkose ist ein schwerwiegender Eingriff. Niemand kann den Patienten zwingen, dafür seine Zustimmung zu erteilen. Auch wenn es durch die OP Heilungschancen gegeben hätte: Die Berufsunfähigkeitsversicherung muss zahlen, wenn wegen der Krankheit der bisherige Job nicht mehr ausgeübt werden kann (OLG Saarbrücken, 5 U 168/00-11 – 6/04).

Einbruch: »Es ist grob fahrlässig, in einer Damenhandtasche Ausweis und Schlüssel aufzubewahren!«

Sandra G. (32) hatte sich nach dem gemeinsamen Einkaufsbummel mit ihrer Freundin Heike W. (30) einen Cappuccino auf der Terrasse eines Cafés gegönnt. »Na, wollen wir los?«, fragte Heike nach einer Stunde. Sandra nickte. »Ja, lass uns aufbrechen. Dann kann ich, bevor wir ins Kino gehen, noch nach Hause fahren und mich frisch machen.«

Als Heike nach ihrer Handtasche griff, protestierte Sandra. »Lass mal, ich mach das. Du bist eingeladen.« Doch als sie selber nach ihrer Handtasche griff, stellte sie entsetzt fest, dass diese weg war. »Verdammt, jemand hat meine Tasche geklaut.«

Auf der nächsten Polizeistation erstattete Sandra Anzeige. »In meiner Tasche waren sämtliche Ausweispapiere und natürlich auch der Wohnungsschlüssel«, erklärte sie den Beamten. Anschließend ließ sie sich schnellstmöglich von Heike nach Hause fahren. Und ihre schlimmsten Befürchtungen bestätigten sich: Als die beiden Frauen nämlich dort eintrafen, war die Wohnung schon geplündert worden. Die Diebe hatten keine Zeit verloren. Sandra informierte umgehend ihre Versicherung, aber die wollte nicht bezahlen. »Tut mir leid, Frau G. Meine

Gesellschaft sieht es als grob fahrlässig an, dass Sie alle Papiere mit Ihrer Adresse und die Schlüssel zusammen in derselben Handtasche aufbewahrt haben. Deshalb müssen wir Ihren Antrag auf Schadenersatz ablehnen.«

Sandra war außer sich: »So eine Frechheit! Was glauben Sie denn, wozu man eine Handtasche dabeihat? Natürlich habe ich da meinen Geldbeutel, meine Papiere und meinen Schlüssel drin. Sonst bräuchte ich ja keine Handtasche. Wie weltfremd sind Sie eigentlich, Sie und Ihre Versicherung?« Wütend knallte sie den Hörer auf und rief ihren Anwalt an.

Was sagte das Gericht dazu?

Die Vorgaben der Versicherung sind tatsächlich nicht einzuhalten. Deshalb bekam Sandra ihr Geld. Schlüssel, Bankkarten und Papiere zusammen in der Handtasche aufzubewahren ist nicht grob fahrlässig, entschied das Gericht. Denn wo sollte man diese Sachen auch sonst unterbringen? Die Hausratversicherung kann keine weltfremden Verhaltensweisen fordern und muss daher für den Einbruch zahlen (LG Berlin, 7 O 386/03).

Hund: »Opas Gebiss ist von unserem Vierbeiner vergraben worden!«

Ihren 30. Geburtstag hatte Janna G. groß gefeiert. Jetzt war die Party zu Ende, die Gäste gegangen. »Tut mir leid, Mutti, ihr wisst ja, ich habe wenig Platz. Ich muss euch im Wohnzimmer unterbringen. Aber keine Sorge, das Schlafsofa ist sehr bequem.«

Die Eltern hatten keine Probleme damit. Der Vater bat nur um ein Glas, in das er sein Gebiss legen konnte. »Außer den Eltern schlief auch noch Jannas Mischlingshund Mickey im Wohnzimmer. Sein Körbchen stand direkt an der Terrassentür. Am nächsten Morgen war die Aufregung groß: Das Gebiss von Jannas Vater war verschwunden. Er hatte das Wasserglas auf den flachen Couchtisch gestellt. Das Glas war umgekippt, und von dem Gebiss keine Spur. »Ich habe es erst gemerkt, nachdem ich die Terrassentür für Mickey aufgemacht hatte«, seufzte der Vater.

Janna war sofort klar, wer der Übeltäter war – Mickey. Doch der Hund schaute ganz unschuldig in die Runde und hatte seinen Spaß, als die ganze Familie begann, überall im Garten nach der Prothese zu suchen und sogar danach zu graben. Wild kläffend sprang er von einem zum anderen. Doch obwohl Janna ihn mehrfach zum Suchen aufforderte: Mickey wollte das Versteck nicht verraten.

Das Gebiss blieb verschwunden. Jannas Vater wollte sich den Verlust deshalb von der Hunde-Haftpflichtversicherung seiner Tochter ersetzen lassen. Aber die wollte für den kuriosen Schaden nicht zahlen. »Das ist doch eine billige Ausrede, mit der Sie die Kosten für ein neues Gebiss auf uns abwälzen wollen. Außerdem müssen wir nur für zerstörte Sachen zahlen. Also bringen Sie uns das Gebiss, und weisen Sie uns nach, dass es kaputt ist«, sagte der Sachbearbeiter triumphierend. »Wie soll das gehen – die Zähne sind ja weg«, versuchte Jannas Vater noch zu argumentieren. Aber er fand kein Gehör. Deshalb verklagte er die Versicherung.

Was sagte das Gericht dazu?

Es zeigte der Versicherung die Zähne. Denn das Verschwinden der Prothese kommt einer Zerstörung gleich. Und selbst wenn das Gebiss wieder auftauchen sollte, wäre es aller Wahrscheinlichkeit nach unbrauchbar. Also muss die Versicherung dafür haften (Landgericht Hannover, 18 S 86/04 – 6/05).

Kreuzungsunfall: »Die rote Ampel muss sich hinter der Sonne versteckt haben!«

Saskia M. (25) hatte es eilig. Ihre beste Freundin Britta war Knall auf Fall von ihrem Freund verlassen worden und hatte sie am Telefon angebettelt: »Bitte komm sofort, mir geht es so schlecht!«

Saskia schnappte sich eine Flasche Cognac, stieg ins Auto und fuhr los. Die tiefstehende Sonne beeinträchtigte ihre Sicht.

Als sie sich der nächsten großen Kreuzung näherte, schien Saskia die Abendsonne direkt von vorne ins Gesicht. Sie blinzelte in Richtung Ampel und war sich nicht sicher: »Hab ich nun Rot oder Grün?«

Einen Fußgängerüberweg gab es nicht, daher konnte sie sich nicht an den Ampelmännchen orientieren. Wieder starrte sie auf die Ampel. Die war grün, ganz sicher. Saskia gab Gas und fuhr zügig über die Kreuzung. Das heißt, sie versuchte es – denn etwa in der Mitte der Kreuzung schepperte es fürchterlich. Ein anderer Wagen war ihr in die Beifahrerseite geknallt.

Zum Glück kamen beide Fahrer mit dem Schrecken davon, aber die Autos sahen reichlich zerbeult aus. Wie sich herausstellte, hatte Saskia doch das Rotlicht übersehen. Fest stand aber auch, dass sie das wegen der Sonne kaum hatte erkennen können. »Immerhin bin ich vollkaskoversichert«, erzählte Saskia erleichtert ihrer Freundin, die sich mittlerweile wieder mit ihrem Partner versöhnt hatte. Wenigstens eine gute Nachricht.

Doch als Saskia die Schadensmeldung bei ihrer Versicherung einreichte, weigerte sich diese zu zahlen. Begründung: Sie habe eine rote Ampel überfahren. Das wollte Saskia so nicht akzeptieren: »Ich konnte doch nichts sehen. Die rote Ampel muss sich hinter der Sonne versteckt haben!« Aber die Versicherung blieb hart. Deshalb nahm sich Saskia einen Anwalt.

Was sagte das Gericht dazu?

Es sah zwar nicht rot, lehnte Saskias Begründung aber trotzdem ab. Denn wenn man nicht erkennen kann, was die Ampel anzeigt, darf man nicht einfach weiterfahren, sondern muss besonders vorsichtig an die Kreuzung heranfahren, notfalls sogar anhalten. Die Vollkaskoversicherung muss Saskia keinen Ersatz für die Schäden am eigenen Auto leisten (Amtsgericht München, 345 C 12275/05 – 3/06).

Kurzschluss: »Woher soll ich wissen, wann es meiner Heizdecke zu warm wird!?«

Gegen 23 Uhr schaltete Elsbeth N. (69) den Fernseher aus. »So, Tessi, jetzt drehen wir noch eine Runde ums Haus und gehen dann ins Bett.« Dabei streichelte sie ihrem kleinen Pudelmischling über den Kopf. Der sprang schon zur Wohnungstür. Elsbeth griff nach der Leine und dem Haustürschlüssel und zog die Tür hinter sich ins Schloss.

Als sie nach 20 Minuten zurückkam, lief ihr die Nachbarin entgegen: »Frau N., in Ihrer Wohnung brennt's! Wir haben schon die Feuerwehr gerufen.« Als die Feuerwehr den Brand gelöscht hatte, fiel Elsbeth ein, dass sie die Heizdecke nicht ausgeschaltet hatte, als sie mit dem Hund losgegangen war. Tatsächlich stellte sich heraus, dass die Heizdecke infolge eines Kurzschlusses in Brand geraten war und das Feuer auf die Sofakissen übergegriffen hatte. »Aber für den Kurzschluss konnte ich doch nichts. Woher soll ich wissen, dass es einer Heizdecke zu warm werden kann«, protestierte Elsbeth später. Denn die Versicherung wollte nach der Schadenregulierung das Geld von ihr erstattet haben. »Es war grob fahrlässig von Ihnen, die Heizdecke nicht auszuschalten. Laut Vertrag sind wir bei grober Fahrlässigkeit nicht verpflichtet, den Schaden zu regulieren.« Als Elsbeth das später ihrer Tochter erzählte, wurde die richtig wütend. »Das gibt's doch nicht! Woher hättest du denn wissen sollen, dass die Heizdecke einen Kurzschluss verursachen kann. Wenn die nicht zahlen, verklagen wir sie!« Und so gingen Mutter und Tochter zum Anwalt.

Was sagte das Gericht dazu?

Die Richter urteilten im Sinne der Klägerin. Denn mit einem Defekt in seiner Heizdecke muss niemand rechnen. Deshalb lag keine Fahrlässigkeit vor – die Versicherung musste zahlen (OLG Düsseldorf, I 24 U 225/03 – 3/04).

Raubüberfall: »Der vermummte Täter hat mir mitten in der Fußgängerzone eine Waffe vors Gesicht gehalten!«

Die Polizisten trauten ihren Ohren kaum, als sie hörten, was Knut P. (49) ihnen aufgeregt erzählte. Eben war er in die Wache gestürmt und hatte »Hilfe! Überfall!« gerufen. Jetzt wollte er Anzeige gegen unbekannt erstatten.

Im Verlauf der Protokollaufnahme kam schier Unglaubliches heraus: Knut war am helllichten Tag aufs dreisteste beraubt worden. Ein maskierter Täter hatte ihn mitten in der City mit vorgehaltener Pistole gezwungen, alle Wertsachen und das Geld herauszugeben.

Was für ein entsetzliches Pech, dass Knut just an diesem Tag sämtlichen Familienschmuck am Leib trug, allerdings nicht sichtbar. Insofern war rätselhaft, wie der Verbrecher davon wissen konnte. Wie auch immer – jetzt war eine kostbare Uhr weg, außerdem ein diamantbesetzter Siegelring und eine wertvolle goldene Kette.

Zu allem Überfluss fehlten auch noch fast 5000 Euro Bargeld, weil Knut gerade unterwegs gewesen war, um sich einen Gebrauchtwagen zu kaufen.

»Ich hatte Todesangst«, schnaufte Knut aufgelöst. »Sie müssen den Täter fassen!« – »Glaubst du ihm das?«, fragte der protokollführende Polizist seinen Kollegen, als Knut die Wache verlassen hatte. »Nee, das ist doch eine echte Räuberpistole«, erwiderte der.

Ein Sachbearbeiter von Knuts Hausratversicherung musste wohl ähnliche Vermutungen gehabt haben. Denn als Knut den entstandenen Schaden ersetzt haben wollte, weigerte sich die Versicherung. Man glaubte ihm den Tathergang nicht, hielt alles für vorgetäuscht. Also blieb Knut nichts anderes übrig, als seine misstrauische Versicherung zu verklagen.

Was sagte das Gericht dazu?

Die Schilderung eines bewaffneten Überfalls auf offener Straße hielten die Richter für frei erfunden. Zum einen gab es keinen einzigen Zeugen für den Raub, obwohl sich dieser am helllichten Tag mitten in der Innenstadt abgespielt haben sollte. Und zum anderen erschien es dem Gericht höchst merkwürdig, dass mit Knut ausgerechnet jemand Opfer eines willkürlichen Überfalls geworden sein sollte, der zufällig eine große Summe Bargeld und teuren Schmuck am Körper trug – Wertsachen, von denen der Täter aber nichts wissen konnte. Knuts Klage auf Schadenersatz von der Hausratversicherung wurde abgelehnt (OLG Bamberg, 22 O 363/04 – 1/05).

Reiserücktritt: »Ich dachte, ich werde rechtzeitig zum Urlaub wieder gesund!«

»So ein Mist, drei Wochen danach will ich in den Urlaub fahren. Ich habe schon alles gebucht«, ärgerte sich Daniela B. (30). Gerade hatte ihr der Arzt den OP-Termin mitgeteilt. »Die Ferien kann ich jetzt wohl vergessen …« Die junge Frau musste sich einem kleinen, aber unaufschiebbaren Eingriff unterziehen.

Wie sehr hatte sie sich auf diese Reise gefreut, und wie lange hatte sie dafür gespart. Zwei Wochen Malediven, Traumstrände und ein tolles Hotel direkt am Wasser – und nun das! Abends erzählte sie ihrer Freundin Heike P. (29) von der Hiobsbotschaft. Doch die beruhigte sie: »Keine Sorge, das ist ein Routine-Eingriff – bis zum Abflug bist du ganz sicher wieder fit. Warum also jetzt schon die Pferde scheu machen? Und wenn alle Stricke reißen, hast du immer noch deine Reiserücktrittsversicherung.«

Zweieinhalb Wochen nach der Operation jedoch konnte von schneller Erholung leider keine Rede mehr sein. Bei Daniela waren unerwartete Komplikationen aufgetreten, sie lag immer noch im Krankenhaus. Schweren Herzens musste sie ihre Reise nun doch kurzfristig stornieren. »Was für ein blödes Pech«, klagte sie ihrer Freundin. »Ich hätte die Erholung wirklich dringend gebrauchen können. Aber wenigstens muss ich die Stornokosten nicht bezahlen – dagegen bin ich ja versichert.«

Doch dann kam alles ganz anders: Die Versicherung weigerte sich, die Kosten zu tragen. Ihre Begründung: »Sie hätten sofort bei der Festlegung des OP-Termins absagen müssen – dann wären die Kosten viel niedriger gewesen. Ihre kurzfristige Absage aber hat den Schaden deutlich vergrößert. Zudem haben Sie gegen Ihre Aufklärungs- und Mitteilungspflicht uns gegenüber verstoßen. Also müssen wir nun nicht mehr zahlen.«

Daniela aber sah das ganz anders: »Das ist doch Blödsinn. Ich muss doch abwarten dürfen – und hoffen, dass ich bis zum Urlaub wieder gesund bin.« Da die Parteien keine Einigung erzielen konnten, mussten die Richter entscheiden.

Was sagte das Gericht dazu?

In den Augen der Richter stellt es ein grob fahrlässiges Verhalten dar, sich wie Daniela auf eine schnelle Genesung zu verlassen. Daniela hätte mit möglichen Komplikationen rechnen müssen. Die Versicherung durfte die Zahlung verweigern (Landgericht Aurich, 1 S 103/05 – 5/06).

Rentenbeiträge: »Ich brauche nicht zu zahlen, weil ich Kinder habe und damit schon genug für die Rente tue!«

Ein Posten auf seiner Gehaltsabrechnung war Dieter W. (48) immer ein besonderer Dorn im Auge: die Rentenversicherungsbeiträge! An jedem Monatsende ereiferte sich der Familienvater wieder über diese finanzielle Belastung: »Mit unseren fünf Kindern tun wir wirklich mehr als genug für die Gesellschaft«, erklärte er seiner Frau. »Wieso müssen wir eigentlich noch Rentenbeiträge einzahlen? Die Existenz unserer Sprösslinge ist für die Staatskasse doch bares Geld genug!«

Beate W. (45) verdrehte zwar jedes Mal die Augen, wenn ihr Mann wieder sein Steckenpferd ritt. Doch insgeheim gab sie ihm recht. Auf was hatten sie nicht alles verzichten müssen wegen der Kinder. Tolle Urlaube, ein schönes Auto, schicke Kleidung oder eine neue Wohnungseinrichtung – für all das war nie genug Geld da gewesen. »Der Hammer ist doch, dass von meiner sauer verdienten Kohle später all die kinderlosen Karrieretypen mit durchgefüttert werden, die jetzt ihr Leben genießen. Wir dagegen müssen jeden Cent dreimal umdrehen!«, klagte ihr Mann weiter. »Warum weigerst du dich eigentlich nicht, noch länger Beiträge einzuzahlen?«, fragte ihn seine Frau.

»Wir sollten gegen diese Ungerechtigkeit klagen. Wir erziehen dreimal so viel Kinder, wie die Durchschnittsfamilie hat. Damit tun wir wirklich schon genug für die Rentenkasse.«

Was sagte das Gericht dazu?

Es konnte und wollte Dieters Begründung nicht folgen. Denn für die Kindererziehung werden den Eltern zusätzliche Versicherungszeiten anerkannt. Das reicht nach Ansicht des Gerichts, um Ungerechtigkeiten gegenüber kinderlosen Paaren auszugleichen (Bundessozialgericht, B 12 KR 16/05 R).

Versicherungsantrag:
»Der Vertreter hat mir doch geraten, ich solle falsche Angaben machen!«

»Ich bin seit einem halben Jahr wegen Rückenproblemen in Behandlung«, erklärte Lisa G. (39) ihrem Versicherungsagenten. Er war zur Beratung ins Haus gekommen, denn Lisa wollte endlich eine Berufsunfähigkeitsversicherung abschließen. Eine Freundin hatte ihr dazu geraten. »Mein Arzt sagt aber, dass er das Problem mit der Behandlung in den Griff bekommt«, ergänzte sie. »Okay, ich kann das eintragen«, entgegnete der Versicherungsexperte. »Doch dann werden Sie kaum eine Police bekommen. Also lassen wir das doch besser weg, oder?«

Lisa war etwas verwirrt. Warum sollten ihre Rückenschmerzen denn ein Problem sein? Doch der Berater war schließlich der Fachmann, er würde schon wissen, was richtig ist. »Wenn Sie meinen, dass es besser ist, dann lassen wir die Rückenschmerzen eben weg«, stimmte Lisa zu. »Ich hoffe aber, dass es deswegen keine Probleme geben wird«, hakte sie noch nach. »Nein, es gibt eher Probleme, wenn wir das hinschreiben«, beruhigte sie der Vertreter.

Lisa schloss eine Police ab. Doch anders als vom Arzt vorhergesagt, besserten sich ihre Rückenschmerzen nicht. Schließlich wurden sie so stark, dass die Sekretärin kaum noch sitzen und daher auch nicht mehr arbeiten konnte. Zum Glück habe ich die Berufsunfähigkeitsversicherung, dachte Lisa. Doch ihr Entsetzen war groß, als die Versicherung die Zahlung verweigerte. Denn aus den Krankenunterlagen war zu ersehen, dass Lisa schon bei Abschluss der Police Beschwerden hatte, die nicht im Antrag angegeben waren. »Aber mein Vertreter hat mir doch ausdrücklich empfohlen, ich solle das nicht angeben«, verteidigte sich die nun arbeitsunfähige Frau. Es kam zum Prozess.

Was sagte das Gericht dazu?

Die Richter glauben Lisa zwar – trotzdem wird ihre Klage abgelehnt. Hat der Versicherungsnehmer bei Vertragsabschluss falsche Angaben gemacht, muss die Assekuranz nämlich nicht zahlen. Dabei ist es egal, wie diese falschen Angaben zustande gekommen sind. Lisa hätte nicht auf ihren Berater hören dürfen (OLG Saarbrücken, 5 U 279/04-39 – 11/04).

Wasserschaden: »Ich kann doch nicht die ganze Nacht hindurch für meine Spülmaschine den Babysitter spielen!«

»Ich mach dann mal gleich die Spülmaschine an«, sagte Julia L. (33), als sie das Geschirr abräumte. »Ach, jetzt lass doch das Geschirr«, protestierte ihr Freund Heiko (34). »Heute ist Kuschelabend. Komm her zu mir, sonst hole ich dich!«, drohte er scherzhaft.

Das Paar hatte sich ein köstliches Essen schmecken lassen. »Gleich, erst schalte ich noch die Maschine an.« Heiko küsste Julia in den Nacken und nahm die Schüsseln vom Tisch. »Na gut, ich helfe dir noch in der Küche, dann geht es schneller.« Im Nu war die Arbeit erledigt, und die Spülmaschine lief.

»Jetzt kommen wir zum gemütlichen Teil des Abends«, versprach Julia und verschwand im Schlafzimmer. Am nächsten Morgen wachte Heiko als Erster auf und sprang aus dem Bett. »Bleib liegen, mein Schatz, ich mache Frühstück.«

Aber kurz darauf hörte Julia einen wütenden Schrei aus der Küche: »So ein Mist, wo kommt das denn her?« Schnell rannte sie ihm hinterher. Und stand mit den nackten Füßen im Wasser. »O Gott, die Maschine ist ausgelaufen.«

Am nächsten Tag rief Julia bei der Versicherung an und meldete den Wasserschaden. Schließlich musste der Fußbodenbelag in der Küche ausgetauscht werden. Das Wasser hatte das Laminat ruiniert. Doch der Versicherungsmann machte ihr wenig Hoffnung. »Wenn Sie die Maschine nachts laufen lassen, ist das grob fahrlässig. Da sehe ich schwarz für den Schadenersatz.« – »Aber was ist denn daran fahrlässig? Sie können doch nicht verlangen, dass ich die ganze Zeit wie ein Babysitter auf der Maschine sitze, wenn sie eingeschaltet ist«, protestierte Julia. »Na, wir werden ja sehen. Ich gebe das mal so weiter.«

Tatsächlich wurde die Schadenregulierung abgelehnt. Wegen Fahrlässigkeit. Doch Heiko beruhigte seine Freundin.

»Lass mal, ich bespreche das mit Klaus. Der ist doch Anwalt. Mal sehen, was der davon hält.« Und der sah gute Chancen für eine Klage.

Was sagte das Gericht dazu?

Es stimmte Julia und Klaus zu. Ein Babysitter für Spül- oder Waschmaschinen ist nicht erforderlich. Ist eine Maschine nicht defekt, gilt auch ihr nächtlicher Betrieb nicht als grobe Fahrlässigkeit (AG Köln, 144 C 41/06 – 5/06).

Wegeunfall: »Dass ich ständig zu irgendwelchen Feiern muss, gehört bei mir zum Job!«

»Das hätte ja noch viel schlimmer kommen können«, seufzte Gudrun K. (46) und nahm ihren Mann Sönke (45) in den Arm, bevor er in den Krankenwagen geschoben wurde. Er hatte sich bei dem Zusammenstoß den Arm gebrochen. Dem Rest der Familie, Gudrun und den beiden Kindern, war zum Glück nichts passiert. Ihnen steckte der Schreck aber noch in den Knochen.

Ein anderer Wagen hatte Sönke die Vorfahrt genommen, und das Auto der Familie war nur noch ein Haufen Schrott. Nach drei Monaten war Sönke wieder so weit hergestellt, dass er seinen Arm voll bewegen konnte und keine Schmerzen hatte. Aber bis dahin war es ein langer Weg gewesen. Der Bruch hatte sich als sehr kompliziert erwiesen. Und jetzt musste sich Sönke auch noch mit der gesetzlichen Unfallversicherung herumstreiten. Denn damals war er in seiner Funktion als ehrenamtlicher Gemeindevertreter auf dem Weg zu einem Heimatfest gewesen.

»Das ist für mich ganz klar ein Arbeitsunfall. Deshalb steht mir eine entsprechende Entschädigung zu.« So hatte er an die Versicherung geschrieben. Die Antwort fiel jedoch nicht wie erhofft aus. »Da Sie bei dem Fest keine Funktion ausüben sollten, sehen wir den Tatbestand eines Arbeitsunfalls nicht als gegeben an. Es war ein privates Vergnügen. Daher müssen wir Ihre Ansprüche ablehnen.«

Auch Gudrun war empört. Sie hatte die letzten Wochen mit ihrem Mann gelitten. »Das lassen wir uns nicht gefallen, Sönke. Wir gehen zum Anwalt.«

Was sagte das Gericht dazu?

So eine Dienstparty ist nicht unüblich. Wer ein Ehrenamt für eine Einrichtung des öffentlichen Rechts ausübt und dabei zu Schaden kommt, ist durch die staatliche Unfallversicherung geschützt. Das gilt auch für Unfälle auf Hin- oder Rückweg. Die Richter sahen auch kein Problem darin, dass der Kläger seine Familie mitgenommen hatte (BSG 2 RU 22/96 – 07/97).

Wohnungsbrand: »Wer nicht zu Hause schläft, der bekommt keinen Schadenersatz!«

Die Beerdigung war vorüber. Hertha D. (72) hatte die nächsten Verwandten noch zum Kaffee bei sich zu Gast. »Danke, dass ihr alle gekommen seid«, sagte sie in die Runde. »Horst hätte sich sehr gefreut.« Sie tupfte sich eine Träne ab. »Was willst du denn jetzt machen, Mutter?«, fragte Gudrun B. (40). »Du kannst doch nicht allein hierbleiben. Komm doch für ein paar Wochen zu uns. Da kannst du ein bisschen zur Ruhe kommen.«

Hertha hätte selbst nie darum gebeten, war aber froh über den Vorschlag ihrer Tochter. Gern nahm sie ihn an. »Aber was wird dann mit meiner Wohnung?«, fragte sie noch. »Lass mal, Mutter, ich schaue ab und zu nach dem Rechten. Und deine Nachbarn sind ja auch noch da. Die bekommen einen Schlüssel.«

Vier Wochen später bekam Gudrun einen Anruf von Herthas Nachbarn Jürgen F. (38). »Entschuldigen Sie die Störung, aber in der Wohnung Ihrer Eltern hat es gebrannt. Vermutlich ein Kurzschluss, sagt die Feuerwehr. Zum Glück ist nur ein Zimmer ausgebrannt, wir haben rechtzeitig Alarm geschlagen.«

Trotz des Schrecks waren alle froh, dass nicht mehr passiert war. Dennoch gab es Ärger mit der Versicherung. Die wollte nämlich nicht zahlen, weil die Wohnung angeblich nicht bewohnt war. »Was fällt Ihnen ein?«, fragte Gudrun, als sie dort anrief. »Warum soll die Wohnung nicht bewohnt sein?« Der Sachbearbeiter druckste herum. »Wir haben erfahren, dass Frau D. nicht mehr dort wohnt, sondern bei Ihnen. Und Herr D. ist gestorben. Also steht die Wohnung leer.«

Dem widersprach Gudrun energisch. »Meine Mutter wohnt sehr wohl noch dort. Sie schläft nur im Moment bei mir, weil es ihr nach dem Tod meines Vaters nicht gutging. Das wird ja wohl erlaubt sein. In ein paar Wochen kehrt sie in ihre Wohnung zurück.«

Doch die Versicherung bestand auf ihrer Sicht der Dinge. »Ob eine Wohnung unbewohnt ist oder der Besitzer woanders schläft – das macht keinen Unterschied und ist reine Wortklauberei.« Darum zog Hertha schließlich vor Gericht.

Was sagte das Gericht dazu?

Leer ist nicht gleich unbewohnt. Wer vorübergehend nicht zu Hause lebt, weil er für kurze Zeit zu Verwandten zieht, verliert nicht den Schutz seiner Hausratversicherung. Denn damit verlagert er seinen Lebensmittelpunkt noch nicht in eine andere Wohnung. Solange der Versicherte wieder nach Hause zurückkehren will, z. B. nach einem Krankenhausaufenthalt, bleibt die Wohnung sein Lebensmittelpunkt (Oberlandesgericht Koblenz, 10 U 1252/03 – 10/05).

9. Ausreden rund ums Wohnen

Zwischen Mieter und Hausbesitzer herrscht selten eitel Freude und Einigkeit. Denn jeder fühlt sich vom anderen schnell übervorteilt. So versuchen Mieter oft schon bei der kleinsten Kleinigkeit die Zahlungen zu kürzen. Wie zum Beispiel in diesem tristen Fall: »Mein Vermieter hat alle Wohnungstüren grau streichen lassen. Das deprimiert mich und beeinträchtigt mich in der Nutzung meiner Wohnung. Deshalb möchte ich die Miete mindern.« Klar, dass der Hausbesitzer bei aller Rührung trotzdem weiterhin auf der vollen Miete bestand. Zum Glück konnte der Mieterverein im vorliegenden Fall sein Mitglied davon abbringen, die Zahlungen zu kürzen.

Unerfüllt blieb natürlich auch diese völlig abstruse Forderung eines Hausbewohners: »Ich habe Anspruch auf durchsichtige Scheiben in meiner Wohnung, deshalb muss der Vermieter für einen Fensterputzer aufkommen.«

Auch mit Forderungen nach Schadenersatz für kleine Unzulänglichkeiten in der Wohnung sind Mieter schnell bei der Hand, wie dieser Fall zeigt: »Weil der Vermieter keinen Spion eingebaut hat, konnte ich nicht sehen, dass ich Verbrechern/Klingelgangstern die Tür öffnete.« Mit dieser faulen Ausrede wollte der Mieter seine Ersparnisse, die die Gangster mitgehen ließen, vom Vermieter zurückholen. Natürlich vergebens.

Ähnlich ging es dem folgenden Zeitgenossen: »Weil wir keinen Fahrradkeller haben, wurde mein Rad vor dem Haus gestohlen. Ich verlange Schadenersatz vom Vermieter wegen fehlender Bereitstellung eines Fahrradschuppens.« Das neue Rad musste der Hausbewohner leider selbst bezahlen.

Auch um die Zahlung der Miete drückt sich so mancher gern. Und ist plötzlich unauffindbar, wie dieser »Mietnomade« in einem anonymen Schreiben mit entwaffnender Offenheit eingesteht: »Weil ich die Miete nicht mehr bezahlen konnte, bin ich unbekannt verzogen.« Etliche Mieter kennen jedoch keine Scheu und ziehen vor Gericht – mit Vorliebe gegen ihre Nachbarn. Was man dabei erleben kann, lesen Sie hier.

Auszug: »Der Vermieter muss mich fristlos aus dem Vertrag entlassen – in meiner Wohnung hat ein Mörder gelebt, und ich kann keine Nacht mehr ruhig schlafen!«

Endlich – nach einer so schönen und dazu noch günstigen Wohnung hatte Jutta lange gesucht. Alle Räume waren frisch renoviert, und es gehörte auch eine moderne Einbauküche zur Einrichtung. Als die junge Frau den Umzug geschafft hatte, wollte sie sich gern ihren neuen Nachbarn vorstellen. Deshalb lud Jutta die anderen Bewohner des Sechsparteienhauses zum Kaffee ein. Diesen Tag aber sollte sie nicht so schnell vergessen.

Denn die Nachbarinnen konnten es gar nicht erwarten, Jutta die »Geschichte« ihrer neuen Wohnung zu erzählen. Eine Familientragödie, von der Jutta damals in der Zeitung gelesen hatte: Ein eifersüchtiger Mann hatte seine Exfrau getötet, nachdem sie sich hatte scheiden lassen und mit ihrem neuen Freund zusammengezogen war. Und dieses Drama hatte sich in ihrer Wohnung abgespielt!

»Ich ziehe sofort wieder aus!« Jutta war entsetzt. »Wenn ich das gewusst hätte, hätte ich die Wohnung nicht genommen«, erklärte sie ihren Nachbarinnen. »Da kann ich doch jetzt keine Nacht mehr ruhig schlafen. Das hätte mir der Vermieter sagen müssen!«

Noch am selben Tag schickte sie dem Vermieter die fristlose Kündigung: »In einer Wohnung, in der ein Mord geschehen ist, kann ich nicht leben. Das ist unzumutbar. Das machen meine Nerven nicht mit. Da bekomme ich jede Nacht Alpträume.«

Doch der Vermieter sah gar nicht ein, dass er Jutta so ohne weiteres aus dem Vertrag lassen sollte. »Die Wohnung ist einwandfrei und zudem frisch renoviert. Es gibt keinen Grund für eine fristlose Kündigung.« So landete der Fall vor Gericht.

Was sagte das Gericht dazu?

Das Gericht hatte zwar Verständnis für Jutta, aber mehr nicht. Ein Mord ist kein Kündigungsgrund, weil er die wesentlichen Eigenschaften der Wohnung für den Mieter nicht beeinträchtigt (AG München, 452 C 33861/03 – 7/04). Jutta durfte nicht fristlos kündigen, sondern musste die normale Frist von drei Monaten abwarten und auch so lange für die Wohnung zahlen.

Badezimmer:
»Mieter sind verpflichtet, nach jedem Duschbad alles trockenzuwischen – sonst haften sie für Feuchtigkeitsschäden!«

Anna M. (41) führte den Vermieter in ihr Badezimmer. »Hier, sehen Sie sich das an: Der ganze Fensterrahmen ist verrottet. Ich möchte bitte, dass Sie das Fenster ersetzen. Wir werden von dem Schimmel sonst noch alle krank.«

Der Vermieter besah sich den Schaden genau. Das Fenster lag direkt hinter der Dusche. »Wischen Sie denn das Bad nicht richtig trocken nach dem Duschen?«, fragte er. »Sonst kann das doch gar nicht so vergammeln.«

Anna sah ihn verwirrt an. »Wieso trockenwischen? Was wollen Sie damit sagen? Wollen Sie jetzt etwa uns die Schuld daran geben, dass der Rahmen verrottet ist?« Der Vermieter machte sofort einen Rückzieher. »Na ja, ich frage ja nur. Der Rahmen wird natürlich ersetzt. Ich informiere den Handwerker. Der wird sich in den nächsten Tagen bei Ihnen melden. Auf Wiedersehen.«

Zwei Tage später wurde das Fenster samt Rahmen ausgetauscht. Und nach einer Woche bekam Anna Post vom Vermieter. Er verlangte für die Reparatur 1200 Euro Schadenersatz. »Der Rahmen ist durch falsches Lüften und Reinigen zerstört worden«, schrieb er. »Das ist doch die Höhe«, platzte es aus Anna heraus. »Dieser scheinheilige Mistkerl! Ins Gesicht sagen wollte er mir nicht, dass er uns die Schuld gibt. Jetzt versucht er uns hintenherum in die Pfanne zu hauen. Aber er kann uns doch nicht vorschreiben, wie wir unser Bad zu putzen und zu lüften haben. Das ist doch nur eine billige Ausrede, dass wir für alles verantwortlich sein sollen!«

Ihr Mann Ralf (38) stimmte ihr zu. »Außerdem war der Rahmen für einen Feuchtraum nicht geeignet. Das hat mir der Handwerker beim Austausch noch gesagt. Also ein klarer Baumangel.« Deshalb wehrten sich Anna und Ralf gegen die Schadenersatzforderung. Schließlich landete der Fall vor dem Kadi.

Was sagte das Gericht dazu?

Anna muss sich keine Putzvorschriften machen lassen. Mieter müssen nach dem Duschen nicht jedes Mal alles trockenwischen. Geht ein Fensterrahmen kaputt, gilt das als Baumangel (AG Hamburg, 40B C 155/05 – 11/06).

Efeu: »Das Grünzeug der Nachbarin muss weg, denn es macht meine Garagenwand kaputt!«

»Sieht doch schön aus, ich weiß gar nicht, was du hast.« Gemeinsam betrachteten Frieda und Wolfgang S. (46 + 48) ihre

Garagenwand, die direkt an das Nachbargrundstück grenzte. Sie war über und über mit Efeu zugewuchert. »Ja«, gab Wolfgang seiner Frau recht, »das habe ich anfangs auch immer gedacht. Aber hast du dir die Garagenwand innen schon mal genauer angesehen? Da kommt die Feuchtigkeit durch. Der Putz fängt schon an zu bröckeln. Wenn dieses Gestrüpp da nicht bald wegkommt, bricht uns die Garage zusammen.«

Frieda sah ihren Mann schmunzelnd an: »Nun übertreib mal nicht. Das Gemäuer ist eben alt – das liegt bestimmt eher daran als an dem Efeu. Aber wir können ja mal mit unserem Nachbarn reden«, meinte sie und verzog dabei säuerlich das Gesicht. Denn der Nachbar F. war bei den beiden nicht sonderlich beliebt. Man versuchte, sich so gut wie möglich aus dem Weg zu gehen. »Das kann ja heiter werden«, seufzte Wolfgang.

Und das wurde es auch. »Den Efeu entfernen? Kommt gar nicht in Frage. Jetzt, wo er endlich Ihre hässliche kahle Garagenwand ganz verdeckt. Dann müssen wir ja von der Terrasse aus ständig auf Ihre Garage starren.« Wolfgang verkniff sich die naheliegende Antwort, dass sie die Terrasse ja auf die andere Seite des Hauses hätten bauen können – wie es jeder vernünftige Mensch getan hätte. Stattdessen sagte er: »Herr F., es geht hier nicht um optische Gesichtspunkte. Der Efeu zerstört unsere Garagenwand, so einfach ist das. Und wenn er nicht verschwindet, bricht sie uns bald zusammen. Ich habe eine Baufirma beauftragt, sich den Schaden anzusehen. Sie können gern eine Kopie des Berichts haben.«

Doch Herr F. blieb uneinsichtig. »Das kann überhaupt nicht sein. Von Umweltexperten wird immer eine Begrünung von Häusern empfohlen.« – »Tut mir leid, es ist, wie es ist. Ich weiß nicht, was die Umweltheinis da empfehlen. Unsere Wand geht jedenfalls kaputt. Und wenn Sie nicht kooperieren, muss ich klagen. Da wird mir der Bericht der Baufirma gute Argumente liefern.« So gingen die beiden im Streit auseinander und trafen sich vor Gericht wieder.

Was sagte das Gericht dazu?

Die Fakten sprechen für sich. Das Gewächs kann durch Feuchtigkeit, Wurzeln und Triebe die Wand stark in Mitleidenschaft ziehen. Die Nachbarn mussten den Efeu beseitigen und Frieda und Wolfgang Zutritt auf ihr Grundstück gewähren, damit die Garagenwand saniert werden konnte (Amtsgericht München, 241 C 10407/05 – 2/07).

Flickenteppich: »Mieter müssen hinnehmen, dass Fußbodenfliesen unterschiedliche Farben haben!«

»Ich weiß ja nicht, was mein Vormieter hier veranstaltet hat«, sagte Erika G. (45) zu ihrem Vermieter. »Schauen Sie sich doch mal die PVC-Fliesen hier an. Dass die kaputt sind, habe ich leider jetzt erst entdeckt. Die hätte ich aber gern noch ersetzt.«

Der Vermieter nickte: »Kein Problem, Frau G., das wird gemacht. Ich setze mich in den nächsten Tagen mit Ihnen in Verbindung.«

Eine Woche später hatte Erika einen Termin, zu dem ein Handwerker die Bodenfliesen austauschen sollte. Zwar konnte sie an dem Tag nicht anwesend sein, aber der Vermieter bekam den Schlüssel von ihr. Als sie jedoch am Abend die Arbeit begutachtete, war ihr Ärger groß. Ausgetauscht waren die Fliesen zwar. Aber wie! Vorher war der Boden einheitlich grau gewesen. Jetzt befanden sich zusätzlich zwei weiße und eine schwarze Bodenplatte darunter. »Wie sieht das denn aus?«, ärgerte sich Erika. »Das kann doch nicht sein Ernst sein.«

Sofort rief sie den Vermieter an. »Das soll doch jetzt nicht so bleiben mit den Bodenfliesen, oder?«, fragte sie ihn. »Wieso, was stimmt damit nicht?« Der Vermieter gab sich ahnungslos. »Das wissen Sie nicht? Ich habe jetzt lauter kunterbunte Bodenfliesen in der Küche. Das sieht doch scheußlich aus. Wie ein Flickenteppich. Ich hätte gern einen einheitlichen Fußboden. Die Farbe ist mir ja ganz egal. Aber so kann das nicht bleiben.«

Der Vermieter stellte sich weiter stur. »Ich weiß gar nicht, was Sie wollen. Der Boden ist heil, und das ist entscheidend. Leider waren keine passenden Fliesen zu bekommen. Aber an der Nutzung der Küche ändert das ja wohl nichts. Und außerdem ist es Sache des Vermieters, zu bestimmen, wie repariert wird. Hauptsache, am Ende ist alles heil!«

Diese Ausrede wollte Erika aber nicht hinnehmen. Und entschloss sich nach der Beratung durch den Mieterverein zu einer Klage. Denn auch die Experten waren der Meinung, dass so ein Flickwerk auf dem Fußboden nicht hinzunehmen sei.

Was sagte das Gericht dazu?

Flickwerk schön zu finden ist keine Geschmacksfrage, sagte der Richter. Und deshalb gab er Erika recht. Der Vermieter muss bei Reparaturen nicht nur auf die Gebrauchsfähigkeit der Wohnung achten, sondern auch auf den optischen Eindruck (Amtsgericht Hamburg-Altona, 314 b C 105/05 – 1/07).

Fördermittel: »Weil der Verwalter den Anspruch auf staatliche Zuschüsse nicht kannte, muss er uns nun dieses Geld geben!«

»Das wird ja ganz schön teuer. Aber ich glaube, es lohnt sich. Denn langfristig können wir so sparsamer heizen.« Erfreut fasste der Vorsitzende der Eigentümergemeinschaft die Ergebnisse der Versammlung zusammen. »Hiermit gilt es also als beschlossen, dass wir die Heizungsanlage modernisieren und auf Erdgas umstellen. Die Einzelheiten des Beschlusses bekommen Sie in den nächsten Tagen noch einmal schriftlich von mir. Vielen Dank.«

Nach und nach erhoben sich die versammelten Eigentümer und strebten zum Ausgang. »Nun können wir zum gemütlichen Teil übergehen«, erhob der Vorsitzende nochmals die Stimme. »Wer kommt noch mit auf ein Bier in die Kneipe? Ich habe einen Tisch reserviert.«

Später ging es noch einmal um die geplante neue Heizung. »Gibt es nicht irgendeinen Geldtopf vom Staat, den wir anzapfen können? Müssen wir wirklich alles selbst bezahlen? Weiß da jemand Bescheid?« Doch die anderen schüttelten den Kopf. Auch der Verwalter zuckte nur mit den Schultern. So mussten die Mitglieder der Eigentümergemeinschaft den Umbau also selbst finanzieren.

Ein halbes Jahr später stieß Herbert zufällig auf einen Artikel in der Zeitung, in dem es um »Fördergelder für umweltfreundliches Heizen« ging. Da stand klipp und klar, dass die Eigentümer Anspruch auf einen Zuschuss gehabt hätten. Das hatte nur keiner gewusst.

Sofort rief er den Verwalter an. »Ich habe hier gerade gelesen, dass wir einen Zuschuss für die neue Heizung hätten bekommen können. Warum haben Sie uns nichts gesagt?« Der Verwalter war sich keiner Schuld bewusst: »Ja, natürlich gibt es einen Zuschuss. Das wusste ich. Habe ich Ihnen das nicht gesagt?«

Da sprang Herbert fast aus dem Anzug. »Vor einem halben Jahr hatten Sie angeblich keine Ahnung. Sie haben uns einfach auflaufen lassen. Dafür werden wir Sie auf Schadenersatz verklagen.« Und so ging Herbert stellvertretend für alle Miteigentümer vor Gericht.

Was sagte das Gericht dazu?

Herberts Ärger ist verständlich, und er bekam auch recht. Werden in einer Wohneigentumsanlage Modernisierungsarbeiten wie die Umstellung der Heizung auf Gas durchgeführt, muss der Verwalter die Eigentümer auf entsprechende öffentliche Fördermittel hinweisen. Tut er das nicht, macht er sich schadenersatzpflichtig (Landgericht Mönchengladbach, 5 T 51/06 – 9/06).

Glockenspiel: »Das Gebimmel muss aufhören, von dieser akustischen Umweltverschmutzung bekomme ich Kopfschmerzen!«

»Geh aus mein Herz und suche Freud«, so erklang es jeden Morgen um sieben. Und zwar in einer Lautstärke, dass an Schlaf nicht mehr zu denken war. »Dieses Glockengebimmel treibt mich noch in den Wahnsinn.«

Annika H. (33) hatte einen verzweifelten Gesichtsausdruck. Sie hatte gerade eine alte Freundin aus der Schulzeit zu Besuch. »Vor zwei Monaten haben die Betreiber dieses Altenheims das verdammte Ding aufgestellt. Und seither bimmelt es jeden Morgen. Selbst mit Ohrstöpseln wache ich davon auf. Ich habe schon Kopfschmerzen.«

Stefanie P. (32), die Freundin, versuchte zu beschwichtigen: »Also, ich fand das ganz schön heute Morgen. Meinst du nicht, dass du etwas überreagierst?« Annika schüttelte den Kopf. »Nein, bestimmt nicht. Am Anfang habe ich auch noch gedacht, das sei ganz nett. Aber jetzt habe ich die Nase, oder besser gesagt: die Ohren, voll davon.« Stefanie nickte und versuchte sich vorzustellen, wie sie reagieren würde, wenn sie kein Wochenende mehr ausschlafen könnte. »Vielleicht hast du recht.« – »Siehst du. Wir haben uns auch schon bei der Stadt beschwert. Ein paar Nachbarn haben sich da zusammengetan. Daraufhin wurde immerhin das Läuten an Sonn- und Feiertagen verboten. Aber das reicht uns nicht.« Annika redete sich gerade wieder in Rage. »Diese akustische Umweltverschmutzung muss endlich aufhören. Wir haben jetzt eine Lärmmessung in Auftrag gegeben. Und wenn das Gutachten da ist, werden wir klagen.«

Ein paar Wochen später telefonierte Annika wieder mit ihrer Freundin. »Na, hat es dir bei uns gefallen?« – »Ja, sehr. Wie steht es eigentlich mit eurem Streit wegen des Glockenspiels? Das interessiert mich ja brennend.« Annika war begeistert:

»Ja, stell dir vor, wir gehen jetzt tatsächlich vor Gericht. Die Lärmmessung hat ergeben, dass das Gebimmel eine Lautstärke von etwa 70 Dezibel hat. Aber für Wohngebiete sind höchstens 55 empfohlen. Wir haben also gute Chancen, diese akustische Umweltverschmutzung zu stoppen.« – »Na, dann wünsche ich euch viel Glück«, antwortete Stefanie.

Was sagte das Gericht dazu?

Das Ergebnis der Lärmmessung ist mit 70 dB (A) eindeutig, und die Anwohner bekamen recht. Das Gericht entschied: Lärmschutz hat Vorrang. Das Glockenspiel muss auch an Werktagen stumm bleiben (Verwaltungsgericht Minden, 9 K 108/06 – 6/06).

Hecke:
»Ich habe mir meine teure Jacke zerrissen, weil der Nachbar seine Pflanzen nicht schneidet!«

Es klingelte. Als Doris M. (38) nichtsahnend zur Tür ging und öffnete, musste sie eine wahre Schimpfkanonade über sich ergehen lassen. »Tun Sie gefälligst was gegen Ihre überhängenden Rosensträucher, die sind ja lebensgefährlich, wir sind doch hier nicht bei Dornröschen!«

Es war ihr Nachbar Uwe T. (54), der sich so aufregte – offensichtlich hatte er sich in ihren Rosenbüschen verheddert. Okay, die überhängenden Pflanzen behinderten den angrenzenden Gehweg ein wenig, und sie hatte die Hecke eigentlich schon längst zurückschneiden wollen. Aber dass man durch ihre harmlosen Blumen solche Blessuren davontragen konnte, verblüffte Doris dann doch. In der Tat sah Uwe reichlich zerrupft aus. Blütenblätter hingen in seinen wirren Haaren, der Blouson war durch Dornen eingerissen, blutige Kratzer zierten Hände und Gesicht. Obwohl sie wusste, dass die Geschichte förmlich nach Ärger roch, konnte sich Doris ein Lachen kaum verbeißen. Die erbarmungswürdige Gestalt ihr gegenüber sah zu komisch aus.

Das aber brachte den Nachbarn nun erst richtig in Rage. »Sie wagen es, mich auch noch auszulachen?«, tobte er. »Das werden Sie bitter bereuen. Ich wollte mich gütlich mit Ihnen einigen. Aber jetzt werde ich Sie auf Schadenersatz und Schmerzensgeld verklagen, dass Ihnen Hören und Sehen vergeht!«

Was sagte das Gericht dazu?

Es ist Uwe, der das Nachsehen hat: Denn Fußgänger müssen grundsätzlich auf den Weg achten und Gefahrenstellen ausweichen. Für Schäden durch Zweige, die schon von weitem zu sehen sind, kann der Grundstücksbesitzer nicht verantwortlich gemacht werden. Folglich gab es kein Geld für Uwe (Amtsgericht Frankfurt, 30 C 1918/05-24 – 10/05).

Heizkosten: »Weil die Wohnungen nebenan leer stehen, bilden sich schon Eisblumen an meinen Wänden – für die höheren Heizkosten steht mir Mietminderung zu!«

»Jetzt ist der Nachbar rechts von mir auch noch ausgezogen«, beklagte sich Peter F. (45) bei seinem Freund. »Auf unserer Etage bin ich jetzt der einzige Mieter. Wirklich etwas unheimlich.« – »Von den Heizkosten mal ganz zu schweigen«, streute der Freund Salz in Peters Wunde. »Stimmt, daran habe ich auch schon gedacht.«

Die beiden Kumpel redeten sich die Köpfe heiß und kamen zu einer vermeintlich logischen Schlussfolgerung: In einem komplett vermieteten Haus heizten alle Bewohner. Also war es doch nur folgerichtig, dass in einem teilweise leerstehenden Haus die restlichen Mieter sämtliche unvermieteten Flächen mitheizen mussten. Dass das anteilig höhere Kosten des Einzelnen verursachte, war für Peter am Ende der Diskussion absolut schlüssig.

Daher fackelte er nicht lange, sondern behielt ab sofort einen Teil der Miete ein. Der Leerstand beider Nachbarwohnungen sei ein Mangel, den er nicht länger hinzunehmen bereit sei, teilte er dem Hausbesitzer schriftlich mit. »Es ist auf der ganzen Etage so kalt, dass sich bei mir schon Eisblumen an den Wänden bilden!«

»Und, hast du schon was vom Vermieter gehört?«, erkundigte sich der Freund einige Zeit später. Peter wedelte grinsend mit einem Schrieb: »Lies mal, der zerrt mich vor Gericht«, entgegnete er. »Aber das beeindruckt mich gar nicht, ich habe gute Karten!«

Was sagte das Gericht dazu?

Es ließ Peter eiskalt abblitzen. Die Gebrauchstauglichkeit der Wohnung wird durch leere Nachbarwohnungen nicht beeinträchtigt. Und Anspruch auf Heizkostenersparnis durch ein Mitheizen der Nachbarn gibt es nicht (AG Frankfurt/Oder, 2.5 C 1002/04 – 11/04).

Kaninchenstall:
»Unsere Tiere haben das Recht auf Auslauf – die Nachbarn können ja wegschauen, wenn sie der Anblick stört!«

Die beiden Sprösslinge von Dani und Peter W. (beide 45) gaben einfach keine Ruhe. Seit Ewigkeiten quengelten die Kinder, dass sie einen Hund haben wollten. Aber das war den Eltern zu viel Arbeit und zu viel Verantwortung. Schließlich fand die Familie einen Kompromiss und einigte sich darauf, Kaninchen anzuschaffen. Als Auslauf für die Tiere baute Peter ein kleines Maschendrahtgehege mit Holzverkleidung, das er im Garten aufstellte, der zu ihrer Eigentumswohnung gehörte. Alles

hätte so schön sein können, wären da nicht die Nachbarn gewesen.
»Ihre Viecher stinken«, bekam Peter zum Beispiel zu hören. Ein anderer Eigentümer entpuppte sich als Fortpflanzungsexperte, denn er meinte: »Jetzt haben Sie vier Rammler, aber wenn die ihrem Namen gerecht werden, sind es bald vierzig – wo soll das bitte schön hinführen?«
Die meisten Vorwürfe bezogen sich darauf, dass der Stall eine bauliche Veränderung sei, die von der Eigentümerversammlung erst hätte genehmigt werden müssen. Familie W. versuchte, sich mit den Beschwerdeführern gütlich zu einigen, aber das Klima war mittlerweile so vergiftet, dass man sich schließlich vor Gericht traf. Dani und Peter sahen dem Prozess relativ gelassen entgegen, sie waren sich sicher, im Recht zu sein. »Unsere niedlichen Langohren stören niemanden und haben das Recht auf Auslauf! Und wem das nicht passt, der kann ja wegschauen!«

Was sagte das Gericht dazu?

Das sahen die Richter genauso – sie kannten ihre Pappenheimer und wussten, wie der Hase läuft! Zwar bestritten die Richter nicht, dass der Käfig eine bauliche Veränderung darstellte. Sie vertraten aber die Ansicht, dass den übrigen Eigentümern dadurch keinerlei Nachteile entstanden waren. Daher durfte das Gehege stehen bleiben (Oberlandesgericht Köln, 16 Wx 58/05 – 6/05).

Lüften: »Wenn ich die Fenster öffne, bekomme ich vom Durchzug einen steifen Hals!«

»Schau mal, Schatz, ist das nicht schon wieder Schimmel da oben an der Decke?« Johanna C. (35) deutete mit der Hand auf eine Stelle an der Flurdecke, die ihr verdächtig vorkam.

Tobias C. (40) versuchte, ganz genau hinzuschauen. »Ich kann es nicht erkennen, aber ich hole mal die Trittleiter.«

Nach genauerer Prüfung befand Tobias: »Ja, du hast recht. Schon wieder Schimmel. Es ist zum Verrücktwerden.« Der hinzugerufene Vermieter war ebenfalls genervt. »Wir haben doch nun schon alles getan, um den Schimmel wegzukriegen. Ich bin jetzt auch mit meinem Latein am Ende. Ich werde jetzt einen Fachmann zu Rate ziehen.«

Johanna und Tobias sahen die Bemühungen des Vermieters, das Problem zu lösen. Und sie wollten ja auch gern in der ansonsten schönen Wohnung bleiben. Also stimmten sie dem Vorschlag zu. Der Sachverständige konnte aber auch keine Patentlösung anbieten. Er schlug deshalb vor, viermal am Tag für 15 Minuten zu lüften. »Vorher sollten Sie die Heizung abdrehen und danach wieder anstellen.« Johanna und Tobias sahen sich ratlos an. »Das ist ja wohl ein wenig unrealistisch«, wagte die junge Frau einzuwenden. »Wir sind schließlich beide berufstätig. Wie soll denn das gehen?«

Auch der Vermieter selbst sah etwas ungläubig drein. »Einen anderen Vorschlag haben Sie nicht?« Aber eine bessere Idee hatte der Sachverständige nicht. So blieb es dabei. Doch damit wollten sich Johanna und Tobias nicht abfinden. »Wir wollen ja hier wohnen bleiben. Aber diese Lüftungsorgie können Sie uns doch nicht allen Ernstes vorschreiben, oder?«

Der Vermieter wusste auch keinen Ausweg, bestand aber auf der vom Fachmann vorgeschlagenen Lösung. »Wenn es doch nicht anders geht.« Tobias ließ sich indes nicht abwimmeln: »Nein, das geht so nicht. Ihren Lüftungsvorschriften können wir aus Zeitgründen nicht nachkommen – und wenn wir in der Wohnung sind, bekommen wir von dem Durchzug einen steifen Hals. Ich bitte Sie also, zur Kenntnis zu nehmen, dass ich den Schimmel als Wohnungsmangel ansehe und wir die Miete daher entsprechend kürzen werden. Das dürfen wir nämlich, hat uns der Mieterbund gesagt. Und erst wenn das

Problem zufriedenstellend gelöst ist, zahlen wir wieder voll.« Schließlich landete der Streit vor Gericht.

Was sagte das Gericht dazu?

Ob nun der Hals vom Lüften steif wird oder nicht – ein fester Lüftungsplan ist für die Mieter in jedem Fall unzumutbar. Die Mieter müssen sich nicht daran halten, sondern dürfen sogar wegen des Schimmels ihre Zahlungen kürzen. Üblicherweise sind sieben bis 20 Prozent Abzug angemessen, je nach Umfang der Schimmelbildung (LG Aurich 2 T 51/05 – 02/05).

Mietminderung: »Bei jedem Regenschauer verwandelt sich mein Balkon in ein Aquarium!«

Seit der Scheidung lebte Angelika T. (34) allein in ihrer Wohnung und hatte es sich dort nett eingerichtet. Sie war eine sehr ordnungsliebende Person, Putzen machte ihr Spaß, und sie freute sich, weil ihr kleines Reich immer sauber und adrett aussah.

Umso schockierter war sie, als sie eines Tages auf ihrem Balkon eine kleine Pfütze entdeckte. Gießwasser vom Balkon über ihr konnte es nicht sein, dazu befand sich der nasse Fleck zu weit entfernt vom Geländer. Weil sie sich die Ursache nicht erklären konnte, überprüfte Angelika während der folgenden Wochen penibel ihren Balkon.

Und sie musste im Lauf der Zeit noch zwei weitere Wasserlachen registrieren. Inzwischen hatte sich auch geklärt, wodurch es ständig auf ihre Loggia tropfte: Bei schlechtem Wetter staute sich offenbar auf der Veranda über ihr das Regenwasser, floss nicht komplett ab und tropfte dadurch an drei verschiedenen Stellen auf ihren Balkon.

»Wenn das so weitergeht, kann ich hier bald einen Zierteich anlegen«, dachte Angelika verärgert. »Ich gebe mir solche

Mühe, alles tipptopp zu halten, und nun das!« Zwar hatte sie sich bereits beim Vermieter beschwert und dort sogar behauptet, das Wasserproblem wäre ganz dramatisch und nach jedem Regen verwandele sich ihr Balkon in ein Aquarium. Als aber daraufhin trotzdem nichts passierte, handelte sie zum nächsten Monatsersten.

»Ich hab einfach einen Teil der Miete einbehalten«, berichtete sie ihrer Freundin. »Wenn mein Vermieter nichts gegen diese nassen Stellen unternimmt, werde ich ihn eben so dazu zwingen. Ich finde, meine Mietminderung ist Notwehr und daher mein gutes Recht!«

Was sagte das Gericht dazu?

Es ließ Angelika im Regen stehen und gab dem Vermieter recht, der auf der vollen Miete bestanden hatte. Ein bisschen Spritzwasser am Balkonrand beeinträchtige die Mieterin nur so geringfügig, dass eine Mietminderung nicht gerechtfertigt sei (AG Münster, 59 C 2601/05 – 01/06).

Mietvertrag:
»Der Vertrag ist ungültig, weil wir hier in einem Nachtjackenviertel leben!«

»So, dann wollen wir uns mal unser neues Zuhause ansehen«, sagte Peter A. (42) zu seiner Frau Laura (33). Der Ingenieur sollte für zwei Jahre in einer anderen Stadt arbeiten. Und deshalb hatte er einen Makler beauftragt, für ihn und seine Familie eine Wohnung zu mieten. Die wollte sich das Paar nun ansehen.

Als die beiden sich jedoch dem Viertel näherten, in dem die Wohnung lag, wurde Laura immer nervöser. »Bist du sicher, dass wir hier richtig sind? Schau dich doch mal um, das ist ja das reinste Nachtjackenviertel.« Auch Peter war nicht mehr ganz so euphorisch. »Eigentlich müssten wir hier richtig sein.

Aber du hast recht. Hier möchte man ja nicht tot überm Zaun hängen.« – »Was hat uns der Makler denn da bloß untergeschoben? Hier können wir doch mit den Kindern nicht wohnen.«

Über einen Kollegen hatte Peter ohnehin noch eine bessere und viel billigere Wohnung in Aussicht. Weshalb sie bereits bereuten, für die vom Makler vorgeschlagene Bleibe unterschrieben zu haben. Er hatte ihnen verschiedene Angebote per E-Mail zugeschickt. Und Peter und Laura hatten sich die Pläne und Fotos der Wohnungen angesehen. Daraufhin hatten sie den Mietvertrag unterschrieben. Ob sich das nun noch rückgängig machen ließ? Ohne Kosten für Makler und Mietzahlungen? Versuchen konnte man es ja mal.

»Wir nehmen die Wohnung nun doch nicht und bezahlen Ihnen auch keine Provision. Sie haben uns nämlich nicht über die Wohngegend informiert. Das ist ja das reinste Gangsterviertel! Sie wussten doch, dass wir zwei kleine Kinder haben. Würden Sie Ihre Kinder dort wohnen lassen?«

Der Makler blieb ungerührt. »Vertrag ist Vertrag. Und Sie haben den Mietvertrag unterschrieben. Also habe ich Anspruch auf meine Provision. Wenn Sie nicht zahlen, verklage ich Sie. Und das wird wohl auch der Vermieter wegen der Mietzahlungen tun.« Peter aber wollte es darauf ankommen lassen: »Dann klagen Sie doch, wir werden ja sehen, wie das ausgeht.«

Was sagte das Gericht dazu?

Es stimmte den ortsfremden Mietern zu. Und es konnte sich gut in ihre Lage versetzen. Dass die Wohnung in einem sozialen Brennpunkt mit hoher Kriminalität und Prostitution lag, hätte der Makler den Mietern sagen müssen. Erst recht, da er wusste, dass zwei kleine Kinder zur Familie gehören. Da er das nicht getan hatte, erhielt er keine Provision, und der Vertrag durfte rückgängig gemacht werden (Landgericht Heidelberg, 2 S 46/05 – 2/06).

Mietzahlung (1): »Ich wollte ja pünktlich zahlen – aber ich habe aus Versehen den Dauerauftrag geändert!«

Schon praktisch, dieses Internetbanking, dachte Jutta K. (45). Denn sie hatte sonst kaum Zeit, wegen jeder Kleinigkeit zur Bank zu gehen. »Noch das Datum eingeben, fertig.« Sie hatte auf ihrem Onlinekonto den Dauerauftrag für ihre Miete geändert, da sich die Nebenkosten erhöht hatten.

Drei Monate später bekam sie Post vom Vermieter. Jutta fiel aus allen Wolken: Der Vermieter schickte ihr die Kündigung. Sofort rief Jutta den Hauseigentümer an, denn sie konnte sich nicht erklären, was er mit der Begründung »wegen unbegründeter Mietkürzung« meinte. »Warum schicken Sie mir die Kündigung, so ohne Vorwarnung? Was habe ich falsch gemacht? Und wieso Mietkürzung?«, fragte sie.

»Sie sind gut«, antwortete der Mann entrüstet. »Seit drei Monaten zahlen Sie nur noch einen Bruchteil der Miete, das reicht mir jetzt!« Jutta war sich keiner Schuld bewusst. »Ich weiß gar nicht, wovon Sie reden.« Doch als sie ihre Kontoauszüge prüfte, sah sie es selbst. Bei der Änderung des Dauerauftrages musste sie versehentlich das Komma an die falsche Stelle gesetzt haben. »Aber Herr T., das war nur ein Versehen. Ich habe vor drei Monaten den Dauerauftrag geändert, dabei muss mir das Komma verrutscht sein. Ich überweise Ihnen sofort das fehlende Geld.« Doch ihr Flehen half nicht. Der Vermieter bestand auf der Kündigung. Dagegen klagte Jutta.

Was sagte das Gericht dazu?

Es urteilte in Juttas Sinne. Beruht der Verzug des ansonsten zahlungswilligen und -fähigen Mieters erkennbar auf einem Irrtum, muss der Vermieter vor der Kündigung erst einmal eine Mahnung schicken (OLG Düsseldorf, 10 U 109/03 – 3/04). Jutta durfte in der Wohnung bleiben und musste nur die fehlende Miete nachzahlen.

Mietzahlung (2): »Mein Vermieter repariert ja auch nicht alle Schäden sofort – dann kann ich auch mal unpünktlich zahlen!«

»Sehr geehrter Herr D., schon zum dritten Mal ist Ihre fällige Miete nicht am dritten Werktag des Monats bei mir eingegangen. Ich mahne daher erneut die pünktliche Zahlung an. Wenn Ihre Miete im nächsten Monat wieder verspätet eingeht, muss ich von meinem Kündigungsrecht Gebrauch machen.«

Bernd D. (47) las den Brief des Vermieters und legte ihn dann auf den Stapel zu den anderen. »Warum zahlst du denn nicht pünktlich?«, fragte sein Freund Horst A. (50).

»Es geht ums Prinzip. Solche festen Termine schränken mich in meiner persönlichen Freiheit ein. Ich überweise das Geld, wenn ich gerade Zeit dazu habe und auf meinem Konto genügend Guthaben ist. Mehr kann man doch nicht verlangen. Schließlich repariert ja auch der Vermieter nicht jeden Schaden sofort, den man ihm meldet!«

Als Bernd jedoch auch im nächsten Monat nicht pünktlich zahlte, wurde die Sache ernst. Eine Woche später kam das Kündigungsschreiben vom Vermieter. Da machte Bernd sich auf die Suche nach einem Anwalt. Die ersten drei winkten allerdings dankend ab. »Keine Chance. Pünktliche Zahlung steht in Ihrem Vertrag, dagegen kommen Sie nicht an. Warum zahlen Sie nicht einfach pünktlich?«

Doch Bernd suchte weiter, bis er schließlich einen Anruf von Horst erhielt: »Du, ich habe hier die Adresse von einem Anwalt für Menschenrechte. Wäre das nicht etwas für dich?«

Er kicherte. Aber Bernd nahm den Tipp völlig ernst. Endlich hatte er jemanden gefunden, der ihm helfen wollte. Auch wenn es nur ums Prinzip ging.

Was sagte das Gericht dazu?

Es klopfte sich vor Lachen auf die Schenkel. Denn Bernd könnte ja die Miete rechtzeitig überweisen, eine Benachteiligung jedenfalls ist in dieser Pflicht nicht zu sehen. Und ein Verstoß gegen die Menschenwürde schon gar nicht (OLG Frankfurt, 2 U 249/03 – 7/05).

Mietzahlung (3): »Ich konnte nicht pünktlich zahlen, denn ich wusste nicht, wohin ich die Miete überweisen sollte!«

»Ich hoffe, ich kann hier wohnen bleiben«, sagte Betty D. (48) zu ihrer Freundin. »Eine so schöne und günstige Wohnung finde ich nicht so leicht wieder.«

Ihre Freundin Anna U. (44) schaute sie verwundert an. »Warum solltest du hier nicht bleiben können? Wovon sprichst du?« – »Habe ich dir das nicht erzählt? Unsere Vermieterin ist gestorben. Jetzt weiß ich gar nicht, wie es weitergeht. Werden die Kinder das Haus übernehmen? Oder verkaufen? Deshalb fürchte ich um meine Wohnung.« – »Verstehe«, meinte Anna. »Und was ist mit der Miete? Du stellst doch jetzt sicher erst mal die Zahlung ein, oder?«

Betty sah sie fragend an. »Wieso?« Anna erklärte ihr, dass sie die Miete ja wohl kaum weiter auf das Konto der alten Dame überweisen könnte. Wer wisse denn, wo das Geld lande. Besser die Zahlung so lange stoppen, bis klar sei, wer das Haus übernehme.

Betty befolgte den Rat der Freundin. Und bekam prompt im übernächsten Monat ein Schreiben der Tochter ihrer alten Vermieterin. »Sie haben die Miete nicht bezahlt. Deshalb mache ich von meinem Kündigungsrecht Gebrauch.« Betty war völlig vor den Kopf gestoßen und rief die Frau sofort an.

»Was soll das mit der Kündigung? Ich habe die Zahlung doch nur gestoppt, weil ich nicht wusste, auf welches Konto ich die Miete überweisen soll und wer jetzt das Haus übernimmt. Deshalb können Sie mir doch nicht kündigen!« – »Mir egal«, blaffte die Tochter. »Sie haben nicht bezahlt. So sieht es aus. Deshalb müssen Sie ausziehen.« – »Das werden wir ja noch sehen«, entgegnete Betty freundlich. Und sofort rief sie einen Anwalt an.

Was sagte das Gericht dazu?

Die Richter zeigten Verständnis und akzeptierten Bettys Begründung. Der Mieter darf im Falle des Todes des Vermieters mit der Zahlung so lange warten, bis der Hauserbe an ihn herantritt. Er ist auch nicht verpflichtet, selbst zu ermitteln, an wen er künftig die Miete zu zahlen hat (Bundesgerichtshof, VIII ZR 24/05 – 12/05). Betty durfte in der Wohnung bleiben und musste nur die fehlende Miete nachzahlen.

Nebenkosten (1): »Die musste ich noch nie zahlen – also habe ich ein Gewohnheitsrecht auf den Nulltarif!«

Hilde K. (51) staunte nicht schlecht, als sie den Brief der Hausverwaltung öffnete. Ganz plötzlich verlangte man von ihr, sich an den Betriebskosten zu beteiligen. »Was ist denn das für ein neumodischer Kram«, beschwerte sie sich daraufhin bei ihrer Tochter. »Du weißt, dass wir hier so etwas noch nie bezahlt haben. Die Miete ist eh schon hoch genug!«

Die junge Frau versuchte, ihre Mutter zu beschwichtigen. Sie erklärte ihr, dass es normalerweise absolut üblich sei, Nebenkosten zu entrichten. »Dass du jahrelang nichts zahlen musstest, war vermutlich ein Versehen, das nun korrigiert wird«, mutmaßte sie. Hilde aber wollte nichts davon hören.

»Es gibt so etwas wie ein Gewohnheitsrecht«, entgegnete sie resolut. »Wenn man mir 20 Jahre lang keine Betriebskosten abgeknöpft hat, darf man jetzt nicht einfach damit anfangen!«

Die Tochter kannte ihre Mutter genau. Wenn die sich einmal etwas in den Kopf gesetzt hatte, war sie durch nichts mehr davon abzubringen. »Na ja, versuch es – du hast ja eine Rechtsschutzversicherung.« Hilde legte Klage ein.

Was sagte das Gericht dazu?

Mit einer solchen Klage hat man keinen Erfolg! Vertrag ist Vertrag. Und wenn darin vereinbart ist, dass Betriebskosten zu zahlen sind, dann gilt das auch. Daran ändert selbst die langjährige Nachlässigkeit der Vermieterin und der vorherige Verzicht auf Abrechnungen nichts (Amtsgericht Hamburg, 408 B C 335/04 – 1/06).

Nebenkosten (2): »Die Abrechnung ist mir zu kompliziert, also zahle ich nicht nach!«

»Nanu, lernst du Ägyptisch?«, fragte Ralf D. (32) seine Freundin Heidi B. (29) spöttisch. Er schaute über ihre Schulter auf das engbedruckte Blatt Papier, das sie seit einiger Zeit stirnrunzelnd studierte. »Könnte man meinen«, erwiderte sie resigniert. »Diese ganzen Abkürzungen sehen wirklich aus wie Hieroglyphen. Aber eigentlich ist es nur die Nebenkostenabrechnung von meinem Vermieter. Ach, wäre es schön, wenn ich die verstehen könnte. Das Einzige, was ich kapiere, ist, dass ich über 200 Euro nachzahlen soll!«

Ralf versuchte seiner Partnerin zu helfen, aber auch er konnte nicht nachvollziehen, wie der Vermieter auf seine Nachforderung gekommen war. Gemeinsam beschlossen sie, dass Heidi sich zunächst weigern sollte, zu bezahlen. »Verstehen Sie mich nicht falsch«, erklärte sie ihrem Vermieter. »Ich will mich nicht grundsätzlich drücken. Aber solange ich wegen der völlig unverständlichen Abrechnung keine Möglichkeit habe, die Richtigkeit der geforderten Summe zu überprüfen, werde ich nichts überweisen.« – »Schade, Frau B., dass Sie nun auch zur Problem-Mieterin werden«, antwortete der Hausbesitzer sarkastisch. »Bislang waren Sie ja recht zuverlässig und pflegeleicht. Aber das ist Ihre Entscheidung – dann werden Sie in den nächsten Tagen von meinem Anwalt hören. Ich verklage Sie nämlich. Schönen Tag noch.«

Was sagte das Gericht dazu?

Es gab Heidi recht und urteilte: Der Mieter muss die Nebenkostenabrechnung auch ohne Fachkenntnisse begreifen und nachrechnen können – andernfalls braucht er nicht zu bezahlen (AG Dortmund, 107 C 8704/03).

Renovierung (1): »Wir streichen unsere Wände nicht, weil die jetzige Farbgebung ein Kunstwerk ist!«

Für ein ausgeflipptes Künstlerpärchen wie Gesa (25) und Tom (23) war es selbstverständlich, der Kreativität auch in den eigenen vier Wänden freien Lauf zu lassen. So schufen sie mit Hilfe von reichlich Wandfarbe aus ihrer langweiligen Mietwohnung eine poppige Behausung. Jedes Zimmer hatte ein spezielles »Farbthema« und war in (für den gewöhnlichen Betrachter) äußerst auffälligen Nuancen gestrichen. Besonders stolz waren die beiden auf ihren »pinken Salon«, das komplett lila gestrichene Schlafzimmer und das neongrüne Bad – das noch dazu mit Graffiti-Elementen verziert war. »Aus dieser Bude haben wir den Spießbürgermief gründlich vertrieben«, freuten sie sich.

Doch wie es so geht im Leben: Nach und nach entpuppte sich die Partnerschaft der beiden als ganz normale Durchschnittsbeziehung, in der es kriselte und krachte. Am Ende trennten sich die Wege von Gesa und Tom. Doch vorher musste die gemeinsame Wohnung aufgelöst werden. Als Tom zum ersten Mal seit dem Einzug den Mietvertrag studierte, seufzte er erleichtert auf: »Klasse, unser Vermieter ist für die Schönheitsreparaturen zuständig. Also müssen wir die Wände gar nicht wieder weiß streichen!«

Der Vermieter war allerdings entschieden anderer Meinung und brachte dies bei der Wohnungsübergabe auch unmissverständlich zum Ausdruck, als er die knallbunten Wände erblickte. »Das streichen sie mal alles schön wieder schneeweiß, sonst nehme ich die Wohnung nicht ab«, meinte er verärgert.

Obwohl sich Gesa und Tom ansonsten gar nicht mehr grün waren – dass sie sich die Arbeit und die Kosten sparen und keine einzige Wand weiß streichen wollten, darüber waren sie sich einig. Daher gingen beide am nächsten Tag zum Anwalt. Und der bekam einen interessanten Auftrag: »Wimmeln Sie den Vermieter ab – eigentlich stünde uns eher noch Geld dafür zu, dass er jetzt ein Kunstwerk von uns bekommt!«

Was sagte das Gericht dazu?

Es gab dem Vermieter in vollem Umfang recht. Denn auch wenn laut Vertrag der Vermieter für die Renovierung zuständig ist: Die Wohnung muss bei Auszug in vertragsgemäßem Zustand abgegeben werden (Amtsgericht Burgwedel, 73 C 123/05 – 3/06). Und das heißt im Fall von Gesa und Tom: Die Wände müssen zumindest hell gestrichen sein.

Renovierung (2): »Unser Umbau kommt allen Eigentümern zugute, deshalb müssen die anderen für unseren Fußboden etwas dazugeben!«

Die alten Fußbodendielen waren Sabine B.s ganzer Stolz. Sie hatte sie vor vielen Jahren, als sie und ihr Mann die Eigentumswohnung gerade gekauft hatten, eigenhändig abgeschliffen und anschließend wieder versiegelt. Und an das Knarren bei jedem Schritt hatten sich beide gerne gewöhnt. »Aber da können die Leute unter uns immer hören, wo wir gerade sind und was wir tun«, überlegte Sabine, als erneut eine Renovierung anstand. »Das ist ein beklemmendes Gefühl, da fühle ich mich so beobachtet, obwohl uns ja eigentlich niemand sehen kann.«

Auch deshalb entschloss sich das Paar nun, einen neuen (aber alt wirkenden) Parkettboden und darunter zusätzlich eine Trittschalldämmung verlegen zu lassen. Das war zwar teuer, aber dafür konnte später niemand mehr ihre Schritte hören. »Und da das ja auch den anderen Hausbewohnern zugutekommt, sollen die sich an den Kosten beteiligen«, dachte Sabine.

Als sie diese Idee jedoch auf der nächsten Eigentümerversammlung vorbrachte, traf sie auf wenig Begeisterung. Ihr Antrag wurde einstimmig abgelehnt. »Dann verklage ich die anderen Bewohner eben auf Kostenbeteiligung. Ich sehe nicht ein, dass wir diese für alle nützliche Maßnahme ganz allein zahlen sollen«, protestierte Sabine. »Tun Sie das«, meinte der Vorstand der Eigentümergemeinschaft gelassen. »Sie werden sehen, dass Sie damit nicht durchkommen.«

Was sagte das Gericht dazu?

Und so war es auch. Die Richter stellten sich voll und ganz auf die Seite der Eigentümergemeinschaft und urteilten: Ist ein Besitzer nicht mit seiner Wohnung zufrieden, muss er die Kosten für einen Umbau ganz allein tragen (Oberlandesgericht Celle, 4 W 4/05 – 2/05).

Staub:
»Die Handwerker haben so eine Sauerei gemacht, dass ich Asthma bekommen habe!«

Katja M. (34) freute sich, als es an der Tür klingelte. Es hatte lange genug gedauert, den Vermieter dazu zu bringen, die

Kacheln in ihrem Bad auszutauschen. Schon beim Einzug vor einem halben Jahr hatte sie reklamiert, dass dort mindestens drei verschiedene Sorten an der Wand klebten. Den Vormieter hatte das offenbar nicht gestört. Aber sie hatte gleich verlangt, dass neu gefliest wird, und zwar nur noch mit einer Kachelsorte. Nun war der Fliesenleger endlich gekommen. Sie hatte sich extra den Tag freigenommen, um die Arbeit zu überwachen.

»Hier, das sind die Kacheln, die Sie sich ausgesucht haben.« Der Handwerker hatte einen Karton aufgerissen und zeigte ihr das Muster. »Aber erst müssen wir mal ein wenig Dreck machen, Frau M. Die alten Fliesen müssen weg, wir können da nicht einfach eine Schicht drüberkleben.«

Vor dem Lärm und Staub flüchtete Katja sich in ihr Wohnzimmer. Doch auch dorthin drang nach einer Weile der feine Staub. »So, Frau M., jetzt ist das Schlimmste überstanden«, berichtete der Handwerker. Hustend bedankte sich Katja und riskierte einen Blick ins Bad. »Da bin ich aber froh, ich hoffe, der Staub legt sich bald.« Am Abend war die Arbeit erledigt. Doch Katja konnte sich gar nicht richtig über die neuen Kacheln freuen. Immer wieder wurde sie von einem Hustenanfall geschüttelt und bekam nachts sogar einen Asthmaanfall. Sie hatte das schon den ganzen Tag befürchtet und ihr Spezialspray ständig griffbereit gehabt. Doch auch das Spray half nicht richtig, so dass sie den Notruf wählen musste.

Als sie am nächsten Tag mit ihrer Mutter telefonierte, beschwerte sie sich bitter über den Handwerker. »Ich habe die ganze Nacht im Krankenhaus verbracht. Aber diese Nacht werde ich mir vergolden lassen. Ich verklage den Handwerker auf Schmerzensgeld!«

Was sagte das Gericht dazu?

Die Richter husteten Katja was – und zwar wegen der Klagebegründung. Denn da dem Handwerker Katjas Asthma-Risiko nicht bekannt war, musste er keine besonderen Schutzvorkehrungen treffen. Also hatte er auch nicht für den Asthmaanfall zu haften, und Katja ging somit leer aus (OLG Bamberg, 6 U 11/04 – 7/04).

Wohnungsmangel: »Der Schimmel bildet sich nur, weil Sie Ihre Möbel völlig falsch aufgestellt haben!«

»Nun schmeiß doch endlich dieses alte Schätzchen auf den Sperrmüll!« Solche und ähnliche Kommentare musste Vera H. (32) sich immer wieder anhören, wenn Freunde bei ihr zu Besuch waren. Gemeint war ihr alter Wohnzimmerschrank. Das riesige Möbel hatte sie von ihrer Oma geerbt. Es war zwar weder wertvoll noch besonders antik, aber eben ein Erinnerungsstück. Allerdings ein sehr unpraktisches, wie Vera zugeben musste, denn es füllte fast das halbe Zimmer aus. »Nun lass doch, ich war damals heilfroh, als wir das Riesenstück endlich im Zimmer hatten.«

Doch ihre beste Freundin ließ ihr keine Ruhe. »Wenn es nur der Abtransport ist, das machen wir schon. Ich kenn da zwei Typen aus dem Fitnessstudio, das ist ein Kinderspiel für die.«

Zwei Wochen später gab sich Vera endlich einen Ruck. »Also gut, sag den Jungs Bescheid, ich will den Schrank loswerden.« Doch als das Monstrum von der Wand gerückt war, kam der Schock: Dahinter war alles voller Schimmel. Sofort informierte Vera den Vermieter. »Die Wand ist offenbar feucht, lassen Sie das umgehend sanieren«, forderte Vera.

Doch der Vermieter gab ihr die Schuld: »Sie hätten den Schrank nicht so dicht an die Wand rücken dürfen. Der war völlig falsch aufgestellt, so dass dahinter keine Luft mehr zirkulieren konnte.« Das ist ja die Höhe, dachte Vera und schimpfte: »Erlauben Sie mal, das ist meine Wohnung, da werde ich wohl die Möbel hinstellen dürfen, wo ich will!«

Als die junge Frau wegen des Schimmelbefalls die Miete kürzte, verklagte der Hausbesitzer sie.

Was sagte das Gericht dazu?

Es gab der Mieterin recht. Wird durch zu nah an der Wand aufgestellte Möbel Schimmelpilzbildung verursacht, müssen Mieter dafür nicht haften. Vera darf ihre Möbel aufstellen, wo sie will. Vielmehr liegt in solchen Fällen ein Wohnungsmangel vor (Amtsgericht Osnabrück, 14 C 385/04 – 1/06). Der Vermieter muss die Wohnung sanieren lassen.

Dr. jur Ralf Höcker

Lexikon der Rechtsirrtümer

Zechprellerei, Beamtenbeleidigung und andere juristische Volksmythen
Originalausgabe

ISBN 978-3-548-36659-3
www.ullstein-buchverlage.de

Manches von dem, was Volkes Stimme über Recht und Gesetz zu wissen meint, ist reiner Aberglaube. So gehört das Delikt der »Zechprellerei« ebenso ins Reich der Phantasie wie die vermeintliche Pflicht, immer einen Ausweis dabeihaben zu müssen. Und die Behauptung »Eltern haften für ihre Kinder« wird dadurch nicht richtiger, dass sie an jedem Baustellenzaun zu lesen ist. Ralf Höcker räumt auf mit den populärsten juristischen Legenden und stellt anhand vieler anschaulicher Beispiele die tatsächliche Rechtslage dar.

»Ein ebenso lehrreiches wie amüsantes Buch.«
Bild am Sonntag

US111

ullstein

Dr. jur. Ralf Höcker

Neues Lexikon der Rechtsirrtümer

»Wer auffährt, hat schuld« und andere juristische Halbwahrheiten

ISBN 978-3-548-36772-9
www.ullstein-buchverlage.de

Ralf Höckers zweites *Lexikon der Rechtsirrtümer* zeigt: Es gibt noch viel mehr weitverbreitete juristische Fehlannahmen, als der Fachmann sich träumen lässt. Sei es, dass manche sich von Schildern wie »Umtausch nur von original verpackter Ware« einschüchtern lassen oder dass man glaubt, man könne sich mit seinem Handtuch eine Liege am Hotelpool reservieren. In bewährter Manier rückt Höcker diese und viele andere rechtliche Missverständnisse zurecht.

»Wieder einmal bringt Ralf Höcker Licht in die entscheidenden Lagen des Lebens.« *Süddeutsche Zeitung*

Klaus Werner · Hans Weiss

Das neue Schwarzbuch Markenfirmen

Die Machenschaften der Weltkonzerne

ISBN 978-3-548-36847-4
www.ullstein-buchverlage.de

Adidas, Aldi, Bayer, McDonald's, Nike, Siemens ... unsere beliebtesten Marken gründen ihre Profite auf Ausbeutung, Kinderarbeit, Krieg und Umweltzerstörung. *Das neue Schwarzbuch Markenfirmen* deckt die skrupellosen Machenschaften der großen Konzerne auf – und zeigt zugleich, welche Macht jeder Einzelne von uns hat, korrupte Regierungen und Multis zu einer menschenfreundlicheren Politik zu zwingen. Das Standardwerk für kritische Konsumenten!

»Das Buch attackiert die Konzerne an ihrer empfindlichsten Stelle: ihrem Ruf.« *Der Spiegel*

»Ein Sachbuch-Krimi, den man so schnell nicht wieder vergisst.« *Deutschlandradio*

US214

ullstein